○ まる ○ ば ╳
だけで
8 割ねらえる
中学社会

Gakken

もくじ 目次

地理

歴史

公民

この本の特長と使い方

「教わった内容はだいたい理解しているのに, ケアレスミスで思っていたよりもテストの点が上がらない。」そんな声をよく聞きます。そこで, 先輩もまちがえた「よくあるまちがい」をクイズで楽しく攻略できる本をつくりました。社会科を得意教科にしたい「あと少しの人」はもちろん, これから社会科に取り組む人にもぴったりの一冊です。

案内役 熱血先生 | 時代に流されない魅力がある。社会科にはめっぽうくわしい。

オモテ面
定期テストや高校入試でまちがえやすい問題を集めました。

ウラ面
オモテ面の問題の答えと解説です。

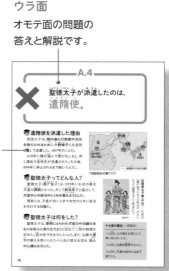

問題に関連して, 押さえておきたい重要事項を解説しています。

確認テスト　各分野2回ずつあります。実力がついたかどうか確かめましょう。

もっと○✕　1つの分野が終わったら, こちらにチャレンジ。

まるばつだけで8割ねらえる中学社会

地理

まる

ばつ

地理のまちがえやすい漢字

✕ 大平洋 ⟶ ◯ 太平洋（たいへいよう）

面積が最大の海洋。おだやか（太平）な海と覚える。

✕ 捉択島 ⟶ ◯ 択捉島（えとろふとう）

日本の最北端。ロシアに不法占拠されている、北方領土の1つ。

✕ 鉄鋼石 ⟶ ◯ 鉄鉱石（てっこうせき）

鉄の原料となる石。オーストラリア・ブラジル・中国などで産出がさかん。

✕ 信野川 ⟶ ◯ 信濃川（しなのがわ）

新潟県・長野県を流れる日本一長い川。

✕ 対島海流 → ◯ 対馬海流（つしま）

日本列島の日本海側を北上する暖流。

✕ 近効農業 → ◯ 近郊農業（きんこう）

東京・大阪などの大都市の近くで、大都市向けの農作物をつくる農業。

✕ 栽培漁業 → ◯ 栽培漁業（さいばい）

稚魚・稚貝を一定期間育てたあと海に放流し、成長してからとる漁業。

重要度 ■■■■□ まちがえやすさ ■■■■■

Q.1

陸地と海洋の面積比は,
陸地7：海洋3である。

○か✕か。

 陸地と海洋では,どっちが広いんだっけ?

広いのは

A.1

✕ 陸地と海洋の面積比は、陸地3：海洋7。

地球は「水の惑星」

地球の表面は陸地と海洋に分けられ、海洋のほうが広い。陸地は6つの大陸と島々からなり、海洋は3つの大洋と付属の小さな海からなる。

各大陸・大洋の名前は?

大陸は、ユーラシア大陸・アフリカ大陸・北アメリカ大陸・南アメリカ大陸・オーストラリア大陸・南極大陸の6つで、ユーラシア大陸が最大だ。

大洋は、太平洋・大西洋・インド洋の3つ。太平洋が最大だ。

国や地域の分け方

世界の国や地域は、アジア州・ヨーロッパ州・アフリカ州・北アメリカ州・南アメリカ州・オセアニア州の6つの州に分けることが多い。

大陸の名前と同じ州もあれば、オーストラリア大陸はオセアニア州というように違うところもあるので、右の地図と合わせて確認しておこう。

陸地 28.9%	海洋 71.1%

地球の総面積 5.1億km²
太平洋 32.6%
7.1 (その他の海洋)
インド洋 14.4
大西洋 17.0
(「理科年表」ほか)

陸地と海洋の割合…太平洋は、全陸地を合わせた面積より広い。

6つの大陸と3つの大洋

6つの州

10

重要度　　　　　　　　　　　　　　　　まちがえやすさ

Q.2

北緯36度,東経140度の
ほくい
対蹠点は南緯36度,
たいせきてん
西経140度である。

○か×か。

 対蹠点とは,ある地点から見て地球の
中心を通って反対側にあたる地点だ。

日本

地球の裏側の人
聞こえますかー!?

ブラジル

A.2

✕

北緯36度,東経140度の対蹠点は

南緯36度, 西経40度。

🎩 緯度・経度って何だ？

緯度は**赤道**を0度として南北を90度ずつ, 経度はロンドンを通る**本初子午線**を0度として東西を180度ずつに分けたものだ。緯度と経度を使えば, 地球上の位置を示すことができる。

🎩 対蹠点の求め方

ある地点の**対蹠点**を求めるとき, 緯度は北緯と南緯を入れかえるだけでいい。だが, 経度は東経と西経を入れかえて, 180度から引いて求める。下の図を参考にしよう。

東京の対蹠点は, 南アメリカ州のブラジルやウルグアイの沖合いあたりになる。

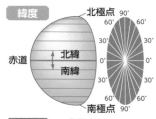

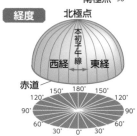

緯度と経度

| 地球を横から見た図 | 地球を上から見た図 |

対蹠点の求め方

地球の正反対側に置いた日本

重要度 　　　　　　　　　　　まちがえやすさ

Q.3

日本の南端は，
沖ノ鳥島である。

○か✕か。

南鳥島という島もある。ちなみに
どちらも東京都に属する。

3月なのに
暖かいや

沖縄は日本の
南のはしかな？

さすが日本の
南のはしの
沖縄ね

日本の南端は沖ノ鳥島。

南鳥島ではないことに注意。

沖ノ鳥島ってどんな島?

沖ノ鳥島は, かつて波の侵食などで水没の危険があった。水没すると日本の排他的経済水域が国土面積より広い約40万km²も減ってしまうため, 島の周囲を消波ブロックなどで守る工事を行った。

排他的経済水域とは, 沿岸から, 領海を除く200海里(約370 km)以内の海域のこと。海域内の水産資源や海底の鉱産資源は沿岸国のものになるから大切に守る必要がある。

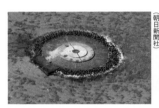

(朝日新聞社)

沖ノ鳥島

北方領土は不法に占拠

日本の北端や西端もよく問われる。北端の択捉島は北方領土の1つだ。北方領土は日本固有の領土だが, 1945年からソ連(現在はロシア)が不法占拠しているため, 日本は返還を求め続けている。西端は与那国島だ。

日本の領域…日本は北緯約20～46度, 東経約122～154度の範囲にある。

領土をめぐるそのほかの問題

竹島(島根県)を韓国が不法占拠している。また, 領土問題はないが尖閣諸島(沖縄県)は中国などが領有権を主張している。どちらも日本固有の領土だ。

北方領土の位置

14

重要度 ▮▮▮▮▮　　　　　まちがえやすさ ▮▮▮▮▮

Q.4

日本とハワイ，
新年を先に迎（むか）えるのは
日本である。

〇か✕か。

 日付変更線（ひづけへんこうせん）はどこに引かれていたか？
思い出すんだ。

明けまして
おめでとう！

うん……？
いきなりどした？
テンション
高くね？

1月1日 午前0時
日本

?月?日 午前5時
ハワイ

A.4

新年を先に迎えるのは
日本。

💡 日本はハワイより時刻が早い。

 どうして時差が生まれるの?

このような場所による時刻のずれを時差という。地球は自転しているから, 太陽が真上にくる時刻は各地で異なるんだ。そこで, 各国・地域は基準となる経線(標準時子午線)を太陽が通る時刻を正午とし, 時刻(標準時)を定めている。

地球は1日(24時間)で1回転(360度)しているから, 360÷24=15で, **経度15度で1時間の時差が生まれる**ことになる。

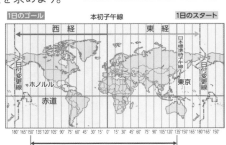

日本が午前0時のときの各地の時刻

日付変更線　ほぼ180度の経線に沿って引かれた線で, 日付を調節する役割を果たす。

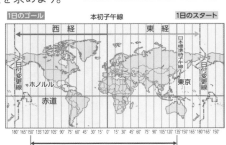 **日本とハワイの時差は?**

時差を求めるときは, まず経度差を求めよう。日本(東京)は東経135度の経線, ハワイ(ホノルル)は西経150度の経線を標準時子午線としているから, 経度差は,(東経と西経にまたがる場合は引き算ではなく足し算)135+150=285で**285度**。よって時差は, 285÷15=**19時間**とわかる。本初子午線をはさんで, 日本より西にあるハワイは, 日本より時刻が遅いことに注目しよう。

東京とホノルルの経度の差

日付変更線を西から東へ越えるときは日付を1日遅らせる。

重要度 ■■■□ まちがえやすさ ■■□□

Q.5

次の温帯の雨温図のうち,
地中海性気候（ち ちゅうかい せい）のものは
Aである。

〇か✕か。

 降水量が多いか少ないか, また季節による
変化などに注目しよう。

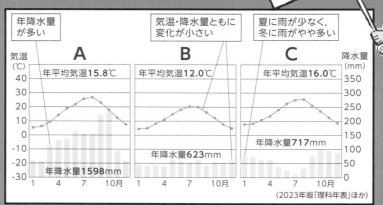

年降水量
が多い

気温・降水量ともに
変化が小さい

夏に雨が少なく,
冬に雨がやや多い

気温
（℃）

A 年平均気温15.8℃

B 年平均気温12.0℃

C 年平均気温16.0℃

降水量
（mm）

年降水量1598mm

年降水量623mm

年降水量717mm

（2023年版「理科年表」ほか）

A.5

夏に雨が少ないCの雨温図が
地中海性気候。
ちちゅうかいせい

💡 Aは温暖湿潤気候, Bは西岸海洋性気候。
おんだんしつじゅん　　　　　　　せいがんかいようせい

🎓 降水量(雨)に注目!

温帯は温暖で四季の変化がはっきりしているのが特徴で, 温暖湿潤気候, 西岸海洋性気候, 地中海性気候の3つに分けられる。夏に雨が少なく, 冬に雨がやや多いCが地中海性気候だ。
とくちょう
(イタリアのローマ)

いっぽう, 年降水量が多いAは温暖湿潤気候。夏と冬の気温差が大きいことも特徴である。一年を通じて降水量と気温の変化が小さいBは西岸海洋性気候。17ページの雨温図をもう一度確認しよう。
(日本の東京)
(フランスのパリ)

(「ディルケアトラス2015年版」ほか)

温帯の気候の分布…パリは東京より高緯度にあるが, 暖流と偏西風の影響で冬でも比較的温暖。
へんせいふう　えいきょう こうい ど

凡例:
- 温暖湿潤気候
- 西岸海洋性気候
- 地中海性気候

2364万t	スペイン 34.4%						その他 36.2

イタリア　┌チュニジア
9.3 8.5 6.0 5.6
モロッコ └トルコ
(2020年) (2022/23年版「世界国勢図会」)

オリーブの生産量の割合

🎓 地中海性気候の暮らし

地中海性気候のイタリアやスペインでは, 夏は乾燥に強いぶどうやオリーブなどの果樹, 比較的降水量の多い冬は小麦を栽培する地中海式農業が行われている。
かんそう
ひかくてき　　　　　　　　さいばい

多くの住居は窓が小さく, 白い壁で厚い石でつくられている(右)。これは夏の強い日ざしに備えたものだ。
かべ

(ピクスタ)

スペインでみられる住居

重要度 ■■■■□　　　　まちがえやすさ ■■■□□

Q.6

次の絵は, いずれも ヒンドゥー教徒の 生活習慣である。

○か✕か。

 イスラム教徒にも, きまりに基づく生活習慣があったな。

① 牛肉を食べない

② 沐浴

③ 一日5回, メッカに向けて祈る

A.6

1日5回礼拝するのは
イスラム教徒。

💡 **イスラム教徒のきまりごとは右下もチェック。**

👨ヒンドゥー教はどんな宗教?

ヒンドゥー教は, インドで約8割の国民が信仰している宗教だ。

ヒンドゥー教徒は, 聖なる川のガンジス川につかり, 身を清める(沐浴)。牛は神聖な動物とされ, 大切に扱われている。ヒンドゥー教徒には, 牛肉に限らず, 肉や魚を食べない菜食主義者(ベジタリアン)も多い。これは生き物を殺さないという考え方を大切にしているからだ。

また, カーストによる差別が憲法で禁じられているものの, 結婚するときなどにカーストを意識して相手を選ぶなど, そのなごりが根強い。

👮世界に広がる三大宗教

仏教, キリスト教, イスラム教は**三大宗教**(世界宗教)とよばれ, 宗教ごとにさまざまな習慣がみられる。

例えば, 仏教徒が多い東南アジアのタイでは, 男性は一生に一度仏門に入る(出家)。キリスト教徒は毎週日曜日に教会へ礼拝に行き, 神に感謝の祈りをささげる。

カースト 職業や結婚の範囲などが限定された, インド社会特有の身分制度。

一日5回, メッカに向けて祈る

女性は肌を見せない

豚肉を食べない

イスラム教徒のきまりごと…教典の「コーラン」に基づく暮らしをおくる。

■ キリスト教 ■ 仏教 □ イスラム教 ■ ヒンドゥー教
▨ 仏教・儒教・神道などが重なる地域 □ その他

世界の宗教分布

重要度 ▮▮▮▮▮ まちがえやすさ ▮▮▮▮▮

Q.7

中国の経済特区を示している地図は，下のAである。

○か×か。

経済特区に指定されてから
大きく発展した都市・地域はどちらだろう？

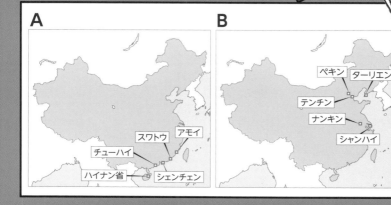

A

スワトウ　アモイ
チューハイ
ハイナン省 → シェンチェン

B

ペキン　ターリエン
テンチン
ナンキン
シャンハイ

A.7

中国の経済特区は
シェンチェンなど。

💡 ペキンやシャンハイは含まれない。

👮 経済特区の設置で発展！

　中国の工業や経済が大きく発展するきっかけとなったのが，南部の沿海部に設置された経済特区だ。1979年以降，この地区では税金面などで優遇措置をとった結果，多くの外国企業が進出した。外国の資本や技術を導入することが中国のねらいだったんだ。

　その後，中国は急速な経済成長をとげ，安価で豊富な労働力をいかし，さまざまな工業製品をつくって世界中に輸出するようになった。そしてやがて，「世界の工場」と呼ばれるようになった。

パソコン	中国 98.2%	その他 1.8
携帯電話	中国 78.6%	その他 21.4
薄型テレビ	中国 46.3%	その他 53.7

(2015年)
(「データブック オブ・ザ・ワールド」2023年版)
主な電子機器の世界生産に占める中国の割合

👮 工業化に伴う問題もある

　中国では，急速な工業化と経済発展で化石燃料（石炭や石油）の消費が増加し，大都市を中心に**大気汚染**が深刻化した。また，経済発展した沿海部と十分に発展していない内陸部との経済格差も問題だ。

(アフロ)

ペキンの大気汚染…工場の排煙のほか，交通渋滞による排出ガスなどが原因となっている。

ゴロ合わせ

中国の工業と経済特区

シェンチェン

外国企業まねき　とっくに
外国企業　　　　　経済特区
チェンジ　世界の工場
シェンチェン　世界の工場

重要度　■■□□□　　　　　まちがえやすさ　■■■□□

Q.8

東南アジアでは，一年に2回米をつくる二毛作がさかん。

〇か✕か。

 「二期作」ってのもあったな。違いは何だ？

A.8

一年に2回米をつくるのは

二期作。

💡 二毛作は同じ土地で一年に
2種類の農作物をつくる。

👮 二期作と二毛作, 何が違う?

　同じ耕地で一年に2回同じ農作物をつくるのが二期作, 一年に1回ずつ異なる2種類の農作物をつくるのが二毛作だ。

　東南アジアは気温が高く雨が多いため, 稲作に向く。インドシナ半島の平野やジャワ島(インドネシア)では, 米の二期作も行われている。タイやベトナムは世界有数の米の輸出国だ。

👮 プランテーション農業もさかん

　プランテーションとは, 東南アジアの国々が植民地だった時代に開かれた大農園で, 輸出用の農作物が大規模に栽培されてきた。現在でもあぶらやし(パーム油の原料)や天然ゴム, バナナなどの栽培がさかんだ。

👮 工業化の波がくる!

　東南アジアのタイやマレーシアなどは, 機械類の輸出を目的とした工業団地を建設して外国企業を積極的に受け入れることで工業化を進めてきた。

　近年は, より賃金が安いインドネシアやベトナムなどに外国企業が進出している。

計4560万t

インド 31.7%
ベトナム 12.5
タイ 12.4
パキスタン 8.7
アメリカ合衆国 6.1
その他 28.6

(2020年)(2022/23年版「世界国勢図会」)
米の輸出量の割合

(Alamy/PPS通信社)

あぶらやしの収穫(インドネシア)

	機械類 10.7			パーム油	
1980年 **129億** **ドル**	石油 23.8%	天然ゴム 16.4	木材 9.3	8.9	その他 30.9

	石油製品 6.1		衣類 4.2	
2020年 **2339億** **ドル**	機械類 43.4%			その他 42.1

パーム油 4.2

(2022/23年版「世界国勢図会」など)

マレーシアの輸出品の変化…機械類の割合が高くなったことがわかる。

重要度 ┃━━━┃　　　　　　　　まちがえやすさ ┃━━━┃

Q.9

イタリア語や
フランス語は
ラテン系言語である。

〇か✕か。

 ヨーロッパの言語は, ゲルマン系・ラテン系・
スラブ系の3つに大きく分かれる。

A.9

イタリア語やフランス語は
ラテン系言語。

💡 **英語やドイツ語はゲルマン系言語。**

🧑 地域で異なる言語

ヨーロッパの言語は大きく3つに分けられる。主に北西部に分布するのが**ゲルマン系言語**, 南部に分布するのが**ラテン系言語**, 東部に分布するのがロシア語などの**スラブ系言語**だ。右の地図で確認しておこう。

🧑 キリスト教が生活の基盤

ヨーロッパでは, **キリスト教**が広く信仰されている。教会は町や村の中心にあり, 日曜日には多くの人々が礼拝に訪れる。また, クリスマスやイースター(復活祭)などのキリスト教の行事を, 家族や友ちと祝うことも大切にされているんだ。

キリスト教の宗派のうち, イギリスやドイツなどでは**プロテスタント**(聖書が信仰の唯一のよりどころ), イタリアやフランス, スペインなどでは**カトリック**(ローマ教皇を最高指導者とする), ロシアやギリシャなどでは**正教会**の信者が多い。(神秘的な儀式が特徴)

近年はアジアやアフリカからの移民が増えたため, **イスラム教徒**も増加している。

凡例:
- ゲルマン系言語
- ラテン系言語
- スラブ系言語
- その他

アイスランド語 / ノルウェー語 / スウェーデン語 / フィンランド語 / アイルランド語 / オランダ語 / 英語 / ドイツ語 / ポーランド語 / ロシア語 / ベラルーシ語 / ウクライナ語 / チェコ語 / スロバキア語 / ハンガリー語 / ルーマニア語 / ドイツ語 / ポルトガル語 / フランス語 / バスク語 / スペイン語 / ブルガリア語 / ギリシャ語

0 ___ 1000km

ヨーロッパ州の言語(主な公用語)の分布

(ピクスタ)

クリスマスマーケット…クリスマスの時期は, 教会前の広場で菓子や飾りを売る市場がにぎわう。

重要度　　　　　　　　　　　　まちがえやすさ

フランスの食料自給率を示しているのはAである。

○か✕か。

 A〜Cは, フランス・スペイン・オランダのいずれかだ。

	小麦	野菜	果実	肉類	牛乳・乳製品
A	19	325	39	326	162
B	200	68	64	102	104
C	54	216	139	145	89
イギリス	99	42	12	75	89

(2019年) (食料需給表)

▲ヨーロッパの主な国の食料自給率(%) …食料自給率とは, 国内で消費する食料のうち, 国内で生産する分でまかなえる割合。

小麦の自給率がとくに高い
Bがフランス。

💡 Aはオランダ，Cはスペイン。

🪣地域で異なる農業

　フランスはヨーロッパ連合（EU）最大の農業国。小麦以外にも，とうもろこしや砂糖の原料のてんさい，ぶどうなどを栽培し，輸出もさかんだ。

　フランスなどヨーロッパの国々では，自然条件に合わせた農業が行われてきた。アルプス山脈より北は**一年を通じて一定の降水量があり，混合農業が発達した。**また，北側のオランダやデンマークは冷涼な気候で，乳牛を飼育し，**バターやチーズなどの乳製品をつくる酪農が**さかんだ。

　いっぽう，アルプス山脈より南のイタリアやスペインは**地中海性気候**に属し，地中海式農業によって（夏は乾燥し，冬はやや降水量が多い。p.18）**，果物や小麦が生産されている。**
（ぶどうやオリーブ）

🧑EUの農業の課題

　EUでは，農家を守り食料自給率を上げるために，域内の農家や地域に補助金を出して保護してきた。しかし近年，補助金が増え財政が苦しくなったため，見直しを進めている。

ヨーロッパの主な農業地域

| 混合農業　小麦や大麦など食用作物・飼料作物の栽培と，家畜の飼育を組み合わせる。
| EU　ヨーロッパの国々が経済的・政治的な結びつきを強めるために結成している組織。

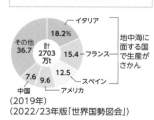

地中海に面する国で生産がさかん

イタリア 18.2%
フランス 15.4
スペイン 12.5
アメリカ 9.6
中国 7.6
その他 36.7
計 2703万t

（2019年）
（2022/23年版「世界国勢図会」）

ワインの生産量の割合…ワインはぶどうを原料としてつくられる。

重要度 ▮▮▮▯▯　　まちがえやすさ ▮▮▯▯▯

Q.11

ナイジェリアの輸出品を示しているのはAのグラフである。

○か✕か。

A〜Cはナイジェリア, コートジボワール, ザンビアのいずれかだ。

船舶 6.2
液化天然ガス 11.2

A
349億ドル
(2020年)
原油 75.4%

その他 7.2

銅鉱 2.3

B
78億ドル
(2020年)
銅 73.5%　　その他 24.2

石油製品 8.8
金(非貨幣用)8.5

C
127億ドル
(2019年)
カカオ豆 28.1%　　その他 46.5

野菜・果実 8.1
(2022/23年版「世界国勢図会」)

コートジボワール
ナイジェリア
ザンビア

▲アフリカの主な国の輸出品の割合

原油が多くを占めるAが
ナイジェリア。

💡 **Bがザンビア，Cがコートジボワール。**

🎖農作物も鉱産資源も輸出用

　アフリカの多くの地域は，かつてヨーロッパ諸国の植民地だった。その時代から輸出用の農作物を大規模に栽培するプランテーションでの農業が行われてきた。現在もギニア湾岸のコートジボワールやガーナでカカオ豆，ケニアで茶，エチオピアでコーヒー豆の栽培がさかんだ。

(Cynet Photo)

カカオの実の収穫

　鉱産資源も豊富で，金やダイヤモンド，銅，原油のほか，最新の電子機器に欠かせないレアメタル（希少金属）（埋蔵量が少なく，取り出すことが難しい金属）の産出も多い。

　これらの農作物や鉱産資源はいずれも重要な輸出品になっていて，アフリカには特定の農作物や鉱産資源の輸出に頼るモノカルチャー経済の国が多い。（「モノ」とは「1つの」という意味）

アフリカの鉱産資源

🎖モノカルチャーの何が問題？

　農作物や鉱産資源は天候や景気などの影響を受けやすく，価格が大きく変動しやすいから，収入が安定しにくい。アフリカの国々の発展を妨げている大きな要因だ。

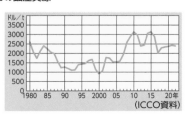

カカオ豆の国際価格の変化

重要度　　　　　　　　　　　　　まちがえやすさ

アメリカの
グレートプレーンズ, プレーリー
の正しい並びはAである。

○か✕か。

グレートプレーンズとプレーリーは,
どちらも世界的な農業地帯だ。

A

ロッキー山脈

五大湖

グレートプレーンズ

プレーリー

アパラチア山脈

ミシシッピ川

B

ロッキー山脈

五大湖

プレーリー

グレートプレーンズ

アパラチア山脈

ミシシッピ川

正しい並びは**B**。

💡 西からグレートプレーンズ→プレーリー。

2つの位置に注意！

グレートプレーンズはロッキー山脈の東側から西経100度付近に広がる，降水量が少ない大平原。プレーリーは西経100度の東側からミシシッピ川にかけて広がる，降水量が多めの大草原だ。

どんな農業がさかん？

アメリカでは，地域の気候や土壌（どじょう）などに合った農作物を栽培する適地適作（さいばい）が行われている。

例えば，内陸部のグレートプレーンズでは，豊富な地下水をくみ上げて小麦やとうもろこしを大規模に栽培している。アメリカの農業は，少ない人手で広い耕地を経営する企業的な農業（ぎょうてき）が中心となっているんだ。

	小麦
	とうもろこし・大豆
	酪農
	綿花
	地中海式農業
	大規模肥育場
	放牧
	その他の農業

アメリカの農業地域…降水量の多い西経100度以東ではとうもろこしや大豆などが栽培され，降水量の少ない西経100度以西では放牧が中心。

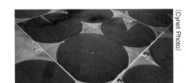
(Cynet Photo)

センターピボット方式の畑…スプリンクラーつきのかんがい装置で畑に水をまくので畑が円形。

ゴロ合わせ
北アメリカの主な地形

ロックを　左から右へ
ロッキー山脈（岩）　左から右に
グレートな　プレー
グレートプレーンズ　プレーリー

重要度　　　　　　　　まちがえやすさ

Q.13

ブラジルの公用語は スペイン語である。

〇か✕か。

 下の絵は, スペイン語やポルトガル語の 「こんにちは」だ。

| Boa tarde | Buenas Tardes | Buenas Tardes |
| ボア　タルヂ | ブエナス　タルデス | ブエナス　タルデス |

ブラジル代表　　アルゼンチン代表　　チリ代表

✕ ブラジルの公用語は ポルトガル語。

🎨 多くの国がスペイン語

南アメリカは, 16世紀以降にヨーロッパの国々に侵略され, ブラジルはポルトガル, その他のほとんどの国はスペインの植民地となってヨーロッパの文化がもち込まれた。そのため現在, 南アメリカの各国は, 主にスペイン語やポルトガル語が公用語となっていて, キリスト教のカトリックの信者が多いのも特徴だ。

👤 さまざまな民族が暮らす!

南アメリカにはもともと先住民が暮らし, インカ帝国などが高度な文明を築いていたが, ヨーロッパ人がやって来て先住民の国や社会を滅ぼした。植民地時代には, アフリカ系の人々（黒人）が奴隷として連れてこられ, ヨーロッパ系（白人）と先住民の混血も進んだ（メスチーソ）。20世紀になると, 日本からの移民も増加した。

その結果, 多くの国はさまざまな人種・民族がともに暮らす多文化社会となっており, 異なる文化が融合して生まれた祭りや音楽がみられる。ブラジルのリオデジャネイロのカーニバルや, アルゼンチンのタンゴなどがそうだ。

凡例
ポルトガル語 フランス語
スペイン語 オランダ語
英語

ブラジル（2億1433万人）6 1 39 54%
コロンビア（5152万人）4 20 1 75%
ペルー（3372万人）15 3 45%
ボリビア（1208万人）30 55%
チリ（1949万人）22 6 72%
パラグアイ（670万人）9 5 86%
アルゼンチン（4528万人）3 4 86%
人種・民族構成
その他 ヨーロッパ系
混血
アフリカ系 先住民
※万人は総人口（2021年）を示している。
0 1500km

（2023年版「データブック オブ・ザ・ワールド」ほか）

南アメリカの言語分布と人口構成…アルゼンチンはヨーロッパ系がほとんどで, ブラジルは混血の割合も高い。

タンゴを踊る人…タンゴはアルゼンチンのダンス音楽で, ヨーロッパやアフリカなどの音楽が融合して生まれた。

（UIG／PPS通信社）

重要度　まちがえやすさ

Q.14

地図中の ◆ で産出するのは 鉄鉱石である。

 地図中の ◆ と　は，それぞれ鉄鉱石または
石炭のいずれかだ。

〇か✕か。

〈Jacaranda Atlas 2007など〉

0　　1000km

ケアンズ

ブリズベン

パース

アデレード　シドニー
メルボルン

ウェリントン

⯗ 原油　▲ 　?　
⯑ 天然ガス　△ ボーキサイト
◆ 　?　

▲オーストラリアの鉱産資源の分布

地図中の ◆ で産出するのは

石炭。

💡 ▲ で産出するのが鉄鉱石。

🎓 鉱産資源にめぐまれる！

オーストラリアは鉄鉱石や石炭のほかにも，アルミニウムの原料となる**ボーキサイト**などの鉱産資源にめぐまれている。

主に**西部**で鉄鉱石，**東部**で石炭の産出がさかんだ。

貿易相手国は，かつてはイギリスやアメリカが中心だったが，近年は距離が近い中国や日本，韓国などのアジアの国々が中心となっている。

(Oynet Photo)

露天掘りによる鉄鉱石の採掘…地表を削って掘り下げていく方法。

🎓 農産物もたくさん輸出

オーストラリアは鉱産資源だけでなく，「オージービーフ」として有名な**牛肉**や**小麦**の輸出もさかんだ。適度な降水量のあるニュージーランドも乳牛や肉用の羊を飼育し，多くの乳製品や羊肉を輸出している。

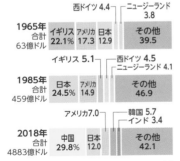

					西ドイツ 4.4	ニュージーランド 3.8	
1965年 合計 63億ドル	イギリス **22.1%**	アメリカ **17.3**	日本 **12.9**			その他 **39.5**	
			イギリス 5.1		西ドイツ 4.5	ニュージーランド 4.1	
1985年 合計 459億ドル	日本 **24.5%**	アメリカ **14.9**				その他 **46.9**	
			アメリカ7.0		韓国 5.7	インド 3.4	
2018年 合計 4883億ドル	中国 **29.8%**	日本 **12.0**				その他 **42.1**	

(UN Comtrade)

オーストラリアの貿易相手国の変化

鉄 製 の 短 刀 で
鉄鉱石 西部　　　　　石炭　東部
オーストラリアを真っ二つ

地理

確認テスト **1**

100点満点
答えはp.181

1 日本の姿について, 次の問いに答えなさい。

5点×5

(1) 地図中の地点**A**の対蹠点の緯度と
経度を答えなさい（北緯または南緯
と, 東経または西経をつけること）。

〔　　　　　　　　　　　　〕

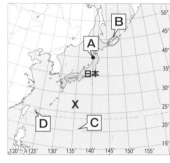

(2) 地図中の**B**の島々を, 現在不法に
占拠している国はどこですか。

〔　　　　　　　　　　　〕

ミス注意 (3) 日本の南の端にあたる地図中の**C**
の島と, 西の端にあたる**D**の島の名
前を, 次の**ア**〜**エ**からそれぞれ選びなさい。 **C**〔　　　〕 **D**〔　　　〕
　　ア 与那国島　　**イ** 南鳥島　　**ウ** 沖ノ鳥島　　**エ** 択捉島

(4) 地図中の**X**は, 日本の標準時子午線となっている。日本が1月1日午前
0時のときの, イギリスのロンドンの日時を答えなさい（午前または午後
をつけること）。　　　　　　　　　　　〔　　　　　　　　　　　　　〕

2 アジア州について, 次の問いに答えなさい。

(3)は7点, ほかは6点×3

よく出る (1) 右の地図の5つの地域は, 中国が外国の資
本や技術を導入することを目的に設置した
地域である。何といいますか。
〔　　　　　　　　〕

(2) 西アジアに多いイスラム教徒のきまりご
とを, 次の**ア**〜**エ**から2つ選びなさい。

〔　　　　　　　〕

　ア 女性は人前で肌を見せない。　　　**イ** ガンジス川で体を清める。
　ウ 1日5回礼拝を行う。　　　　　　**エ** 牛肉を食べない。

(3) 東南アジアで米の二期作が行われている理由を, 気候の特徴にふれて
簡単に答えなさい。〔　　　　　　　　　　　　　　　　　　　　　〕

3 ヨーロッパ州について、次の問いに答えなさい。

(3)①は6点、ほかは4点×5

(1) ヨーロッパ州で広く信仰されている宗教は何ですか。
〔　　　　　　　　　〕

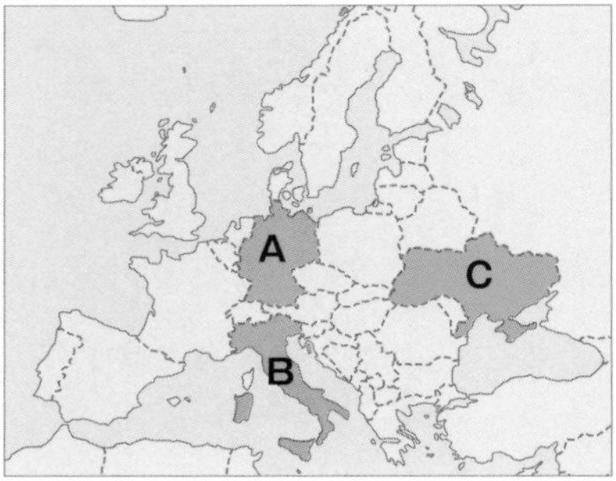

ミス注意 (2) 次の①〜③に分類される言語が主に話されている国を、地図中の**A**〜**C**からそれぞれ選びなさい。

① スラブ系言語　〔　　　〕

② ラテン系言語　〔　　　〕

③ ゲルマン系言語〔　　　〕

(3) 右は、地図中の**B**の国の首都の雨温図である。これを見て、次の問いに答えなさい。

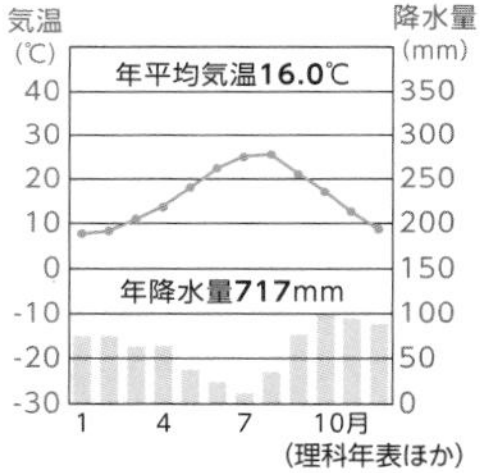

① 雨温図の気候の特徴を、降水量にふれて簡単に答えなさい。
〔　　　　　　　　　　　　　　　　〕

② 雨温図のような気候が広がる、地中海沿岸で栽培がさかんな農作物として誤っているものを、次の**ア**〜**エ**から1つ選びなさい。　〔　　　〕

ア オリーブ　**イ** とうもろこし　**ウ** ぶどう　**エ** 小麦

4 南北アメリカ州について、次の問いに答えなさい。

4点×6

(1) 地図中の**A**の山脈、**B**の平原、**C**の草原の名前をそれぞれ答えなさい。

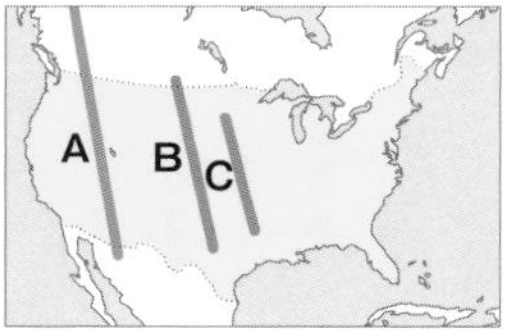

A〔　　　　　　　〕

B〔　　　　　　　〕

C〔　　　　　　　〕

(2) アメリカの農業の特徴について説明した次の文の、**X**と**Y**に当てはまる語句をそれぞれ答えなさい。　**X**〔　　　　〕　**Y**〔　　　　〕

◇ 労働者を雇って広い耕地を経営する〔　**X**　〕的な農業が中心で、地域ごとに自然環境に合う農作物を栽培する〔　**Y**　〕が行われている。

(3) 南アメリカ州の多くの国で公用語となっている言語は何ですか。
〔　　　　　　　　　〕

重要度 　　　　　　　　　　まちがえやすさ

下の地形図で
傾斜が急なのは
Bである。

〇か✕か。

等高線の間隔に注目するんだ。

(国土地理院ウェブサイト 1:25000)

傾斜が急なのは**B**。

💡 等高線の間隔が狭いところほど傾斜は急。

等高線から何がわかる?

地形図に引かれた, 海面からの高さが同じところを結んだ線を等高線といい, 土地の高さ(標高)のほか, 起伏もわかる。

等高線の間隔が狭いところほど**傾斜は急**で, 間隔が広いところほど**傾斜は緩やか**になっているんだ。

地形図には情報がいっぱい

地形図には縮尺が2万5千分の1や5万分の1のものなどがあり, 地形図上の長さから実際の距離を知ることもできる。(実際の距離を地図上に縮めた割合)地図記号を見ると, どんな建物や施設があるかや, 土地利用についてもわかるんだ。(実際の距離=地図図上の長さ×縮尺の分母)

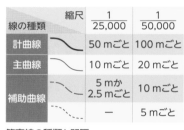

縮尺 線の種類	$\dfrac{1}{25{,}000}$	$\dfrac{1}{50{,}000}$
計曲線	50 mごと	100 mごと
主曲線	10 mごと	20 mごと
補助曲線	5 mか 2.5 mごと	10 mごと
	—	5 mごと

等高線の種類と間隔

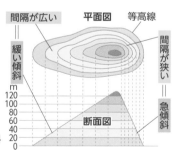

等高線と土地の傾斜

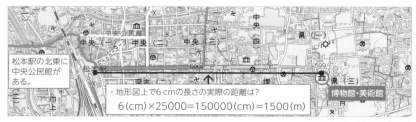

松本駅の北東に中央公民館がある。

・地形図上で6 cmの長さの実際の距離は?
　6 (cm)×25000=150000 (cm)=1500 (m)

〈国土地理院ウェブサイト 1:25000〉

重要度　　　　　　　　　　　　　　まちがえやすさ

Q.16

川の河口部にみられる
下の写真の地形は
扇状地（せんじょうち）である。

〇か✕か。

川が土砂（どしゃ）を運んでつくる地形には，
扇状地や三角州（さんかくす）がある。

（東阪航空サービス／アフロ）

A.16

川の河口部にみられる地形は
三角州。

扇状地と三角州, 何が違う?

扇状地は川が山地から平地に出るところにできる緩やかな扇形の傾斜地だ。中央部はつぶの大きい砂や石が積もっていて, 水はけがよい。そのため果物の栽培に適している。山梨県の甲府盆地の扇状地は, ももやぶどうの一大産地となっている。

いっぽう三角州は, 川が海や湖に流れ込むところにできる低平な土地だ。つぶの小さい砂や泥が積もっていて水もちがよい。そのため水田に多く利用される。

日本の川は短くて急

右下の図を見てほしい。世界の川と比べて日本の川は**長さが短く, 傾斜が急**なことがわかる。これは日本の国土が細長く山がちな地形で, 平野がせまく山から海までの距離が短いからだ。また, **流域面積が狭い**ことも特徴で, 季節による水量の変化が大きく, 川のはんらんが起こりやすい。

（東阪航空サービス／ＰＰＳ通信社）

扇状地(山梨県甲州市, 笛吹市)

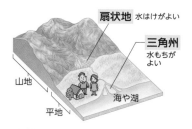

扇状地　水はけがよい

三角州　水もちがよい

山地　平地　海や湖

扇状地と三角州ができるところ

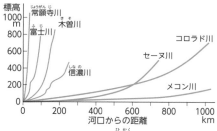

標高
1000m
800
600
400
200

常願寺川　木曽川
富士川
信濃川
コロラド川
セーヌ川
メコン川

0　200　400　600　800　1000
河口からの距離　km

日本と世界の主な川の比較

重要度　　　　　　　　　まちがえやすさ

Q.17

日本海側の気候の
雨温図はBである。

○か✕か。

降水量が多い季節に注目するんだ。

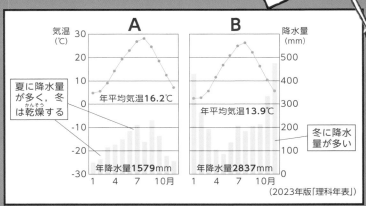

気温
（℃）

A
年平均気温16.2℃
年降水量1579mm

B
年平均気温13.9℃
年降水量2837mm

降水量
(mm)

夏に降水量が多く，冬は乾燥する

冬に降水量が多い

（2023年版「理科年表」）

A.17

日本海側の気候の雨温図は
B。

💡 夏に降水量が多いのは太平洋側の気候。

🎩 冬に降水量が多い理由は?

43ページの**B**の雨温図は,日本海側の気候に属する上越市(高田)のものだ。冬にシベリアから吹く冷たく乾いた季節風が日本海の上で水蒸気を含んで湿った風となり,山地にぶつかってその手前に雪や雨を降らせる。だから,冬に降水量が多い。

Aの雨温図は,太平洋側の気候に属する名古屋市のもの。夏に太平洋上から暖かく湿った季節風が吹く影響で雨が多い。

日本列島には,夏に南東から,冬に北西から季節風が吹くことを覚えておこう。

🎩 降水量が少ない地域も!

瀬戸内の気候に属する高松市や,内陸(中央高地)の気候に属する松本市は一年を通じて降水量が少ない。これは季節風が山地にさえぎられるからだ。

これら2つの気候の雨温図は,気温の変化で見分ける。夏と冬の気温差が大きいのが内陸の気候で,冬でも比較的温暖なのが瀬戸内の気候だ。

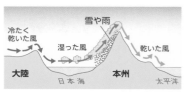

冬の季節風のしくみ

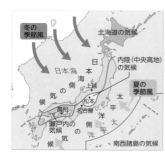

夏と冬の季節風の向きと気候区分

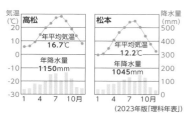

(2023年版「理科年表」)

高松市と松本市の雨温図

重要度　　　　　　　　まちがえやすさ

Q.18

日本の石炭の輸入先を示しているのはBのグラフである。

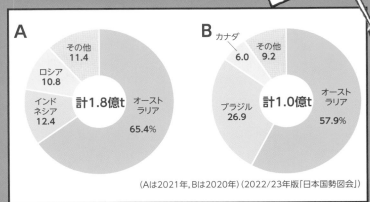

〇か✕か。

もう1つのグラフは，日本の鉄鉱石の輸入先を示している。

A

その他
11.4

ロシア
10.8

インド
ネシア
12.4

計1.8億t

オースト
ラリア
65.4%

B カナダ
6.0

その他
9.2

ブラジル
26.9

計1.0億t

オースト
ラリア
57.9%

（Aは2021年，Bは2020年）（2022/23年版「日本国勢図会」）

45

日本の石炭の輸入先は
Aのグラフ。

💡 石炭と鉄鉱石は, 2位で見分ける。

資源の輸入先の見分け方

石炭と鉄鉱石の最大の輸入先はいずれも**オーストラリア**で, 半分以上を占めている。そこで, 2位の国で見分けるのがポイント。2位がインドネシアなら石炭, ブラジルなら鉄鉱石だ。**原油**の輸入先のグラフは, 西アジアの国々が上位を占める。

日本は原油や石炭などの鉱産資源が乏しく, ほとんどを外国からの輸入に頼っているんだ。

変わりゆく日本の発電

日本では, かつては水力発電が中心だったが, (ダムをつくり, 水が落ちるときの力を利用) 電力の消費量が増えたことで火力発電が中心になった。しかし, 火力発電は, 地球温暖化を引き起 (石油や石炭, 天然ガスが燃料) こす温室効果ガスの排出量が多いことが問題。温 (二酸化炭素など) 室効果ガスを排出しない原子力発電の導入も進 (ウランが燃料) められたけど, 大きな事故が起こって, そのあり方が見直されてきたんだ。

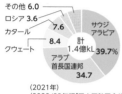

その他 6.0
ロシア 3.6
カタール 7.6
クウェート 8.4
アラブ首長国連邦 34.7
サウジアラビア 39.7%
計 1.4億kL

(2021年)
(2022/23年版「日本国勢図会」)

日本の原油の輸入先

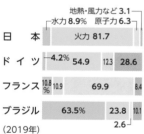

	水力 8.9%	火力	原子力 6.3	地熱・風力など 3.1
日 本	8.9%	81.7	6.3	3.1
ド イ ツ	4.2%	54.9	12.3	28.6
フランス	10.8% 10.9	69.9		8.4
ブラジル	63.5%	23.8	10.1	2.6

(2019年)
(2022/23年版「日本国勢図会」)

主な国の発電量の割合…地熱・風力などの繰り返し利用できるエネルギーを再生可能エネルギーという。

ゴロ合わせ

石炭と鉄鉱石の輸入先

王様が	ぶらり	鉄道の旅
オーストラリア	ブラジル	鉄鉱石

大きな	印の	赤飯と
オーストラリア	インドネシア	石炭

重要度　▢▢▢▢▢　まちがえやすさ　▢▢▢▢▢

Q:19

鹿児島県は, 肉牛と豚の飼育数がともに日本一である。

○か×か。

 鹿児島県や宮崎県以外にも, 大規模な畜産が行われている都道府県があったな。

鹿児島へ
おじゃったもんせ!

肉牛の飼育数日本一は ## 北海道。

畜産王国の鹿児島・宮崎

　九州南部の**鹿児島県**や**宮崎県**にはシラス台地（火山の噴出物が積もった台地）が広がり, 土地がやせていて水もちが悪いため, 畜産や畑作が中心になった。近年は企業が畜産農家と契約して, 大規模な経営を行っている。また, 価格が安い外国の肉に対抗しようと**ブランド化**を進めているんだ。

　畑作では, かつては**さつまいも**の栽培が中心だった。その後ダムや農業用水が整備され, 野菜・茶など, 多くの利益が出る農作物も栽培できるようになったんだ。

温暖な気候をいかす!

　冬でも温暖な気候の宮崎平野では, ビニールハウスで夏の野菜を育てて, ほかの産地よりも早い時期に出荷する**促成栽培**が行われている。出荷時期をずらすことで, 高値で売れるんだ。

肉牛				
計261万頭			熊本5.2	
北海道 20.6%	鹿児島 13.5	宮崎 9.6	その他 47.6	
			岩手3.5	

豚				
計929万頭		北海道7.8		
鹿児島 13.3%	宮崎 8.6	群馬 6.9	その他 56.8	
		千葉6.6		

肉用にわとり				
計1億3966万羽			青森5.1	
宮崎 20.1%	鹿児島 19.4	岩手 16.2	その他 35.6	
			北海道3.6	

（2021年）（2022/23年版「日本国勢図会」）

主な家畜の飼育数の割合

（アフロ）

ビニールハウスでのピーマンの収穫
（宮崎県）

重要度 ▢▢▢ｰ　　　まちがえやすさ ▢▢▢ｰ

Q.20

本州四国連絡橋の開通で
四国の都市に人が吸い寄せられる
ストロー現象が起きた。

○か✕か。

移動時間があまりかからなくなったら，
みんなはどこに買い物に行きたい？

(Cynet Photo)

▲瀬戸大橋…本州四国連絡橋の1つ。橋の上側は高速道路，下側は鉄道。

A.20

大阪や神戸などの 大都市に行く人が増えた。

💡 大都市に人が吸い寄せられるのがストロー現象。

どこにかかる橋?

本州四国連絡橋(ほんしゅうしこくれんらくきょう)は, 本州と四国を結ぶ橋をまとめた呼び名で, 右の3つのルートがある。連絡橋の開通で本州と四国の間の主な移動手段がフェリーから自動車や鉄道中心に変わり, 移動時間が大幅(おおはば)に短縮されたんだ。
（岡山〜高松間の移動時間が2時間から1時間以内に）

買い物のほか通勤や通学にも便利になったいっぽうで, 大都市に買い物客が流れたため, 経済が落ち込んでしまった四国の地方都市もある。また, フェリーの運航が廃止(はいし)・減便されて, 生活に困る高齢者(こうれいしゃ)などもいるんだ。

地域に人を呼び寄せよう!

中国・四国地方の山間部や離島では, 大都市へ移り住む人が後を絶たず, 過疎化(かそか)が深刻だ。そこで, 交通網や通信網の整備をして, 観光客を呼びこんだり, 企業を誘致(ゆうち)したりしようと地域おこしに取り組んでいる。例えば, 漫画(まんが)のキャラクターを活用したり, メディアを通じて地域の魅力(みりょく)をアピールしたりしているんだ。
（人口が著しく減少し, 社会生活が困難になること）
（町おこし・村おこし）

（地図中のラベル）
津山／兵庫県／広島県／岡山県／姫路／尾道・今治ルート（しまなみ海道）／尾道(おのみち)／今治(いまばり)／児島(こじま)／岡山／瀬戸大橋／明石海峡大橋(あかしかいきょうおおはし)／神戸／児島・坂出ルート／坂出(さかいで)／高松／今治／愛媛県／香川県／神戸・鳴門ルート／大阪府／関西国際空港／淡路島(あわじしま)／鳴門(なると)／徳島県／徳島／大鳴門橋(おおなるときょう)／和歌山／和歌山県／高知県
━━ 高速道路

本州四国連絡橋の3つのルート

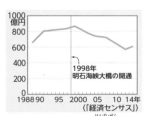

1000億円／800／600／400／200
1998年 明石海峡大橋の開通
1988 90　95　2000　05　10 14年
（「経済センサス」）

徳島市の小売業の年間商品販売額の変化

（ピクスタ）

角島(つのしま)と本州を結ぶ橋(山口県)…映画やCMに登場し有名になった。

50

重要度 ▮▮▮▯▯ まちがえやすさ ▮▮▮▮▮

Q.21

東大阪市の製造業では, 中小企業が 99.8%を占める。
（事業所数）

中小企業とは, 製造業では資本金が3億円以下か, 働く人が300人以下の企業だ。

○か×か。

東大阪市（ひがしおおさかし）の製造業は
中小企業（きぎょう）が99.8%。

世界に羽ばたく町工場

　大阪府の内陸部にある**東大阪市**や八尾市（やおし）など
には**中小企業**の町工場が集中し，金属加工をはじ
めとするさまざまな業種の工場がある。これらの工
場では，右下のグラフのような，暮らしに関わりが
深い工業製品がつくられているんだ。

　また，町工場の中には特定の分野で優れ
た技術をもち，国内だけでなく世界の国々へ
部品や製品を輸出している工場もある。

変わり続ける臨海部

　大阪湾（おおさかわん）の臨海部を中心に形成されている
阪神（はんしん）工業地帯は，明治（めいじ）時代に**軽工業**から発
展し，戦後は海を埋め立てて**重化学工業**が発
（鉄鋼業や石油化学工業など（せんいなど））
達した。しかしその後，重化学工業は伸び悩
み，臨海部の工場は閉鎖（へいさ）されたり，他地域へ
移転が進んだりしたんだ。

　2000年代には，テレビの薄型（うすがた）パネルの生産工
場が進出。一大拠点（きょてん）となったが，外国との競争で
規模が縮小され，現在は太陽光発電のパネルや
蓄電池（ちくでんち）などの工場，大型の物流施設（しせつ）などができて，
再開発も進んでいる。

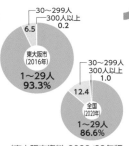

（東大阪市資料, 2022/23年版
「日本国勢図会」）
製造業の従業者数別の事業所数割合

じゅうたん 21億円	大阪 64.0%	その他 36.0
自転車部品 2254億円	75.5%	24.5
絵の具 59億円	67.3%	32.7

（2019年）（工業統計表）
大阪府で多く生産されている工業製品

（アフロ）

大阪市臨海部の再開発…2025年の
大阪・関西万博（ばんぱく）の開催予定地でもある。

重要度　　　　　　　　　　まちがえやすさ

Q.22

渥美半島でさかんな
電照菊の栽培は
抑制栽培の1つ。

○か×か。

抑制栽培のほかに, 促成栽培という
育て方もあったな。

▲電照菊の栽培　　　　　　　（Cynet Photo）

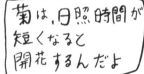
菊は, 日照時間が
短くなると
開花するんだよ

53

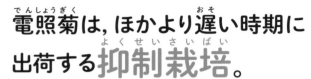

A.22

電照菊は, ほかより遅い時期に出荷する抑制栽培。

💡 促成栽培は, ほかより早い時期に出荷。
(→p.48)

🎓 東海ではどんな農業がさかん?

中部地方は, 東海・中央高地・北陸の3つの地域で, それぞれ特徴ある農業が行われている。

東海では園芸農業がさかん。愛知県の渥美半島や知多半島は, かつては水不足に悩まされていたが, かんがい用水が引かれるとキャベツや温室メロン, 花などの栽培がさかんになったんだ。電照菊は, 温室で夜間に照明を当てて菊の開花を遅らせ, 秋から冬にかけて出荷している(抑制栽培)。

また, 静岡県は茶の一大産地だ。
(牧ノ原や磐田原)

🎓 中央高地で果物, 北陸で米

中央高地では, 盆地に形成されている扇状地で果物の栽培がさかん。昼と夜の気温差が大きく, 水はけがよいことが果物の栽培に最適なんだ。甲府盆地はぶどうとももの, 長野盆地や松本盆地はりんごの産地。長野県の高地では, 高原野菜の抑制栽培も行われている。
(山梨県) (長野県) (八ケ岳のふもとの野辺山原など) (→p.58)

北陸は冬に雪が多く, 水田単作が中心だ。越後平野は日本を代表する米どころで, 銘柄米のコシヒカリが多く生産されている。
(1年に1度米だけをつくる) (めいがらまい)

中部地方の地域区分…東海に近畿地方の三重県を含むことがある。

園芸農業　都市向けに野菜や果物, 花などを栽培する農業。ビニールハウスや温室を利用する園芸農業をとくに施設園芸農業という。

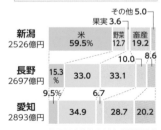

	米	野菜	畜産	果実	その他
新潟 2526億円	59.5%	12.7	19.2	3.6	5.0
長野 2697億円	15.3%	33.0	33.1	10.0	8.6
愛知 2893億円	9.5%	34.9	28.7	20.2	6.7

(2020年) (2023年版「県勢」)

新潟・長野・愛知県の農業生産額割合

重要度 ▌▌▌▌▌　　まちがえやすさ ▌▌▌▌

Q.23

愛知県の製造品出荷額の割合を示しているのはAのグラフである。

○か✕か。

 A〜Cは, 愛知県・静岡県・大阪府のいずれかだ。

A	輸送用機械 24.8%	電気機械 14.5	化学 11.0	食料品 8.0	飲料・飼料 5.7	その他 36.0

B	輸送用機械 55.4%		電気機械 5.8 / 鉄鋼 5.0	生産用機械 4.9 / 食料品 3.6		その他 25.3

C	金属製品 9.6%	化学 9.6	輸送用機械 9.1 / 生産用機械 9.0	鉄鋼 8.5		その他 54.2

(2019年)(2023年版「県勢」)

主な府県の製造品出荷額の割合

A.23

輸送用機械が半分以上を占めるBが愛知県。

💡 Aの静岡県も輸送用機械が1位。Cは大阪府。
（金属製品や化学が上位）

🎩 自動車生産の一大拠点

　愛知県を中心に広がる中京工業地帯は，全国一の製造品出荷額を誇る。中でも，豊田市（愛知県）は日本有数の自動車工業都市で，組み立て工場を中心に，周辺に多くの関連工場が集まる。臨海部の東海市（愛知県）は鉄鋼業，四日市市（三重県）は石油化学工業がさかんで，ここで生産された鉄板やプラスチックをもとに自動車の部品がつくられているんだ。

　静岡県の沿岸部には東海工業地域が発達している。ここでは自動車のほか，オートバイの生産もさかんで，浜松市や磐田市がその中心だ。浜松市では楽器（ピアノなど）も生産されている。

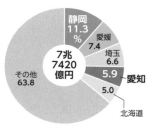

（2019年）（2023年版「県勢」）

パルプ・紙・紙加工品の出荷額の割合…富士山のわき水が豊富な，静岡県の富士市などでさかん。

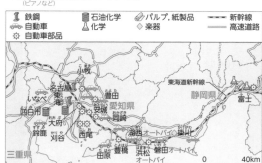

中京工業地帯・東海工業地域の主な工業

（アフロ）

名古屋港から各地に運び出される自動車…埠頭には，大型の自動車専用船が停泊できる。

重要度 ▮▮▮▮▮　　まちがえやすさ ▮▮▮▮▮

Q.24

群馬県からの
キャベツの出荷量が
増えるのは冬である。

◯か✕か。

群馬県の高原で栽培（さいばい）がさかんだ。
高原はどんな気候か考えるんだ。

(Cynet Photo)

▲嬬恋村（つまごい）（群馬県）のキャベツの収穫（しゅうかく）

A.24

群馬県産のキャベツは
夏 に多く出荷される。

💡 右下のグラフで確認しよう。

高原の気候をいかす

浅間山の山ろくにある群馬県の嬬恋村は, 夏でも涼しい気候だ。この気候をいかして, 暑さに弱い**キャベツ**などの高原野菜を夏に栽培する抑制栽培によって, ほかの地域からの出荷量が少ない時期に出荷しているんだ。大都市からは少し離れているが, 保冷トラックを使い, 新鮮な状態で出荷している。

関東平野は有数の畑作地帯

日本一広い関東平野の多くの台地は関東ロームに覆われている。水もちが悪く稲作には適さないため, 畑作が中心となったんだ。

千葉県や茨城県では, 東京などの大消費地向けに野菜や花を栽培する近郊農業がさかん。大消費地に近いから, 新鮮な農作物を安い輸送費で, 早く出荷できるのが長所だ。花は, 冬でも温暖な千葉県の房総半島南部などが産地になっている。

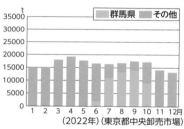

東京都の市場におけるキャベツの月別入荷量
(2022年)(東京都中央卸売市場)

> **関東ローム** 関東平野を覆う富士山や浅間山の噴火による火山灰が積もってできた赤褐色の土壌。

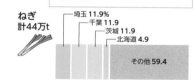

ねぎ
計44万t
埼玉 11.9%
千葉 11.9
茨城 11.9
北海道 4.9
その他 59.4

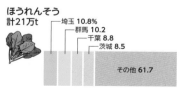

ほうれんそう
計21万t
埼玉 10.8%
群馬 10.2
千葉 8.8
茨城 8.5
その他 61.7

(2021年)(2023年版「県勢」)

ねぎとほうれんそうの生産量の割合

重要度　　　　　　　　　　　まちがえやすさ

Q.25

やませの影響を強く
受けるのは東北地方の
日本海側である。

○か×か。

 やませは, オホーツク海高気圧から
吹き出すことがある風だ。

サムサノ　ナツハ
オロオロアルキ…

宮沢賢治

やませの影響が強いのは東北地方の太平洋側。

やませでどんな影響が出る？

東北地方は稲作がさかんで、「日本の穀倉地帯」といわれるほどだ。しかし、夏に冷たく湿った北東風のやませが吹くと、太平洋側ではくもりや霧の日が続いて日照不足と低温になり、稲が十分に育たないことがある（冷害）。いっぽう、日本海側の地域には奥羽山脈から乾いた風が吹き下ろし、高温となることがある。

稲作農家の悩みはほかにも

日本では米の消費量が減少して、米が余るようになったため、1970年ごろから米の生産量を減らす減反政策が始まった。東北地方では米から大豆（2018年度に廃止）や麦などほかの農作物への転作を進める農家もあったが、よりおいしくて、寒さや病気に強い銘柄米（秋田県の「あきたこまち」や宮城県の「ひとめぼれ」など）の開発にも取り組んだ。

農業に関わる伝統行事が多い！

東北地方の各県に古くから受け継がれている行事や祭りには、豊作を祈ったり、収穫に感謝したりするものが多い。現在では、東北の祭りは観光資源としての役割も強くなっている。

中国・四国
九州 10.0
北海道 7.6%
近畿 8.3
東北 27.9
計 756万t
中部 21.1
関東 15.4

（2021年）
（2022／23年版「日本国勢図会」）
米の生産量の地方別割合

日本海
やませ
太平洋
奥羽山脈
0　　200km

やませの吹く向き

（アフロ）

秋田竿燈まつり（秋田県）…竿燈全体を稲穂に見立てている。

重要度 ▮▮▮▮▯　　　　まちがえやすさ ▮▮▮▮▯

Q.26

十勝平野（とかち）では, 同じ作物を
続けてつくる輪作（りんさく）で
生産性を高めている。

○か✕か。

 「輪」という漢字には,
どんな意味があるだろうか？

ぜーんぶ
ウチの畑です

ポテチ

複数の種類の作物を順番につくるのが**輪作**。

💡 同じ農作物を続けてつくるのは**連作**。

🎓 輪作を行う理由は?

連作を行うと土地の栄養が落ちるなど，よくない影響が出てくる。これを防ぐために**十勝平野**では輪作を取り入れているんだ。つくられている作物は，**じゃがいも**や**てんさい**，**小麦**などさまざま。広大な畑で大型の農業機械を使用し，大規模な畑作を行う北海道は，多くの農作物の生産量で全国一となっている。

てんさい 406万t (2021年)	北海道 100.0%	
じゃがいも 221万t (2020年)	北海道 78.6%	その他 21.4
小麦 110万t (2021年)	北海道 66.4%	その他 33.6

(2022/23年版「日本国勢図会」)

北海道が生産量全国一の主な農作物

> **泥炭地** 植物が十分分解されずに積もった低湿地。栄養分がとぼしく，農業に適さない。
> **客土** ほかの土地から性質のよい異なる土を運び入れること。

🎓 稲作や酪農もさかん!

稲作は，夏に比較的高温になる**石狩平野**などでさかん。石狩平野は，かつては**泥炭地**が広がっていたが，客土や排水施設の整備により稲作に適した土地に生まれ変わった。**根釧台地**は大規模な酪農地帯で，北海道の乳牛の飼育数(→p.28)は日本一だ。

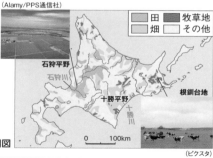

(Alamy/PPS通信社)

凡例：田／畑／牧草地／その他

石狩平野　石狩川　十勝平野　十勝川　根釧台地

0 100km

北海道の土地利用図

(ピクスタ)

ゴロ合わせ

十勝平野の農業

十勝の　天才音楽家
十勝平野　てんさい
ジャカジャカ　リンリン　演奏中
じゃがいも　　　輪作

地理

確認テスト❷

100点満点
答えはp.181

1 日本の地形と鉱産資源について，次の問いに答えなさい。 4点×6

(1) 右の写真の地形を何といいますか。

〔　　　　　　　　　　〕

(2) 右の写真の地形がみられる，山梨県の甲府盆地で栽培がさかんな農作物を，次の**ア〜エ**から2つ選びなさい。

〔　　　〕〔　　　〕

ア みかん　**イ** りんご　**ウ** ぶどう　**エ** もも

（東阪航空サービス／PPS通信社）

よく出る (3) 日本が大部分を西アジアの国々から輸入している鉱産資源は何ですか。

〔　　　　　　　　　　〕

(4) 右のグラフは，日本の鉄鉱石の輸入先を示している。グラフ中の**A，B**に当てはまる国名を答えなさい。A〔　　　　　　　〕

B〔　　　　　　　〕

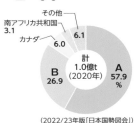

その他
南アフリカ共和国 6.1
3.1
カナダ
6.0

計
1.0億t
(2020年)

B
26.9

A
57.9
%

（2022/23年版「日本国勢図会」）

2 九州，中国・四国地方について，次の問いに答えなさい。 (3)は8点，ほかは5点×3

(1) 右の地図中の鹿児島県や宮崎県に広がる，火山の噴出物が積もった台地を何といいますか。〔　　　　　　〕

ミス注意 (2) 鹿児島県と宮崎県が飼育数全国1・2位(2021年)の家畜を次の**ア〜エ**から2つ選びなさい。〔　　　〕〔　　　〕

ア 肉牛　**イ** 肉用にわとり
ウ 豚　**エ** 卵用にわとり

中国山地
岡山
高松
四国山地
宮崎県
鹿児島県

(3) 地図中の高松市や岡山市は，一年を通じて降水量が少ない。その理由を地図も参考に，「季節風」の語句を用いて簡単に答えなさい。

〔　　　　　　　　　　　　　　　　　　　　　　　　　〕

3 中部・関東地方について，次の問いに答えなさい。 (2)②は7点，ほかは4点×7

(1) 東海の工業について，右の地図を見て次の問いに答えなさい。

よく出る ① 地図中の**A**の県を中心に形成されている工業地帯と，**B**の県の沿岸部に形成されている工業地域の名前を答えなさい。

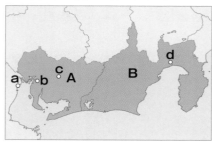

A〔　　　　　　　〕

B〔　　　　　　　〕

② 地図中の**a〜d**の都市でさかんな工業を，次の**ア〜エ**からそれぞれ選びなさい。

a〔　　〕　b〔　　〕　c〔　　〕　d〔　　〕

ア 自動車　**イ** 石油化学　**ウ** 製紙・パルプ　**エ** 鉄鋼

ミス注意 (2) 浅間山の山ろくにある群馬県の嬬恋村では，夏でも涼しい気候をいかして，暑さに弱いキャベツなどの高原野菜を夏に栽培・出荷している。①これは，促成栽培と抑制栽培のどちらにあたるか。また，②なぜ夏に出荷しているかを簡単に答えなさい。　①〔　　　　　　　〕

②〔　　　　　　　　　　　　　　　　　　　　　〕

4 東北・北海道地方について，次の問いに答えなさい。 (3)は8点，ほかは5点×2

(1) 東北地方では，夏にやませという冷たく湿った風が吹くことがある。やませの向きを，右の地図中の**ア〜エ**から１つ選びなさい。〔　　　　〕

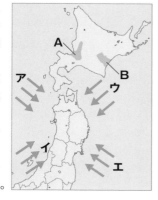

(2) 地図中の**A**の平野はかつて泥炭地が広がっていたが，ほかの土地から性質の異なる土を運び入れて土地改良を行った。このような土地の改良法を何といいますか。〔　　　　　　　〕

(3) 地図中の**B**の平野では，複数の種類の農作物を順番につくる輪作を行っている。輪作を行う理由を簡単に答えなさい。

〔　　　　　　　　　　　　　　　　　　　　　　　　　　　　　　　　〕

こっちの問題も
解けたら◎

Q.27 日本の面積は,
世界の国の中で上位3分の1に入る。

Q.28 中国地方の南部を
山陰という。

Q.29 熱帯地域に広がる草原を
ステップという。

(Cynet Photo)

Q.30 地図中のAの地域で
栽培がさかんなのは
カカオ豆である。

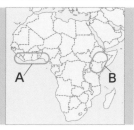

Q.31 オーストラリアの先住民を
マオリという。

A.27 ○
日本の面積は，
世界の国の中で上位3分の1に入る。
💡 日本の面積は約38万km²。世界に200近くある国の中で，61番目の大きさである。

A.28 ✕
中国地方の
南部は山陽。
💡 中国山地より北側を山陰，南側を山陽という。また，中国・四国地方は右の3つの地域（山陰・瀬戸内・南四国）に分けられる。

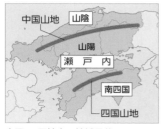

中国・四国地方の地域区分

A.29 ✕
熱帯地域の草原はサバナ。
💡 ステップは，乾燥帯地域に広がる，丈の短い草の草原。熱帯地域に広がる，丈の高い草と樹木がまばらに生える草原がサバナ（p.65の写真）。

(Cynet Photo)

モンゴルのステップ

A.30 ○
地図中のAの地域で
栽培がさかんなのはカカオ豆。
💡 チョコレートの原料のカカオ豆は，ギニア湾岸で栽培がさかん。アフリカ東部のBの地域（エチオピアやケニア）はコーヒー豆の栽培がさかん。

A.31 ✕
オーストラリアの
先住民はアボリジニ。
💡 マオリはニュージーランドの先住民。近年は，先住民の文化を尊重する取り組みが進んでいる。

(Cynet Photo)

アボリジニ

Q.**32** 日本アルプスは,
北から順に飛驒・木曽・赤石山脈である。

Q.**33** 公助とは,災害時などに
地域住民どうしで助け合うことである。

Q.**34** 遠洋漁業を
示しているのは
右のグラフの
Aである。

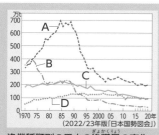

漁業種類別の日本の漁獲量の変化

Q.**35** ぶどうの生産量の
グラフは
右のAである。

A 計16.5万t

山梨 24.6%	長野 17.4	岡山 9.1	山形 8.8	その他 40.1

B 計10.7万t

山梨 32.2%	福島 22.6	長野 9.9	山形 8.3	その他 27.0

(2021年)(2023年版「県勢」)

Q.**36** 東京郊外の都市は,
昼間人口より夜間人口のほうが多い。

A.32 ○

日本アルプスは
北から順に飛騨・
木曽・赤石山脈。

💡日本アルプスは、本州中央部に連なる、標高3000m級の険しい山々。「日本の屋根」とも呼ばれる。

日本アルプス

A.33 ✕

公助とは、国や地方公共
団体による救助や支援。

💡地域住民どうしで助け合うことは共助、自分の身や家族を自分自身で守ることを自助という。

自助

共助　　公助

A.34 ✕

遠洋漁業を示しているのは
グラフ中のB。

💡遠洋漁業は、各国の排他的経済水域の設定などにより1970年代から漁獲量が大きく減少した。Aは沖合漁業、Cは沿岸漁業、Dは海面養殖業。

A.35 ○

ぶどうの生産量は
Aのグラフ。

💡ぶどうとももの生産量はいずれも山梨県が全国一のため、2位の県で見分ける。長野県ならぶどう、福島県ならももである。

A.36 ○

東京郊外の都市は、
昼間人口より夜間人口のほうが多い。

💡郊外や近県には、東京都心に通勤・通学する人が多く暮らしているため、昼間人口より夜間人口のほうが多い。反対に、都心は夜間人口より昼間人口のほうが多い。

まる ばつ だけ で 8 割 ね ら え る 中 学 社 会

歴史

まる　　　ばつ

歴史のまちがえやすい漢字 7

せっかく覚えていても、漢字をまちがえると減点や不正解となってしまう。ここで漢字をまちがえやすい用語を押さえておこう。

✕ 遣随使 ⟶ ○ 遣隋使（けんずいし）
中国の進んだ制度や文化を学ぶために派遣（はけん）した使節。

✕ 藤原頼道 → ○ 藤原頼通（ふじわらのよりみち）
父の藤原道長（みちなが）とともに摂関政治（せっかん）の全盛期を築く。

✕ 管原道真 → ○ 菅原道真（すがわらのみちざね）
遣唐使（けんとうし）の停止をすすめる。

✕ 寺小屋 ⟶ ○ 寺子屋（てらこや）
江戸時代（えど）, 庶民（しょみん）の子どもに読み書きなどを教えた。

✕ 井伊直介 → ○ 井伊直弼（いいなおすけ）
日米修好通商条約に調印。

✕ 福沢論吉 → ○ 福沢諭吉（ふくざわ）
『学問のす〻め（す）』を著（あらわ）す。

✕ 犬飼毅 ⟶ ○ 犬養毅（いぬかいつよし）
五・一五事件（ごいちご）で暗殺された首相。

70

重要度 ▮▮▮▮▮ まちがえやすさ ▮▮▮▮▮

くさび形文字や 太陰暦(たいいんれき)がつくられたのは メソポタミア文明である。

○か✕か。

 エジプト文明, メソポタミア文明, インダス文明, 中国文明のどれだっけ?

A.1

くさび形文字や太陰暦は
メソポタミア文明。

💡 エジプト文明やインダス文明と区別する。

👤 古代文明はどこでおこった?

古代文明は, 紀元前3000年ごろからアフリカやアジアの農耕や牧畜(3500年)に適した大河の流域でおこった。エジプト文明, メソポタミア文明, インダス文明, 中国文明だ。

各文明では, 戦争や祭りに用いる**青銅器**や**鉄器**, 記録のための**文字**, 暦や法律などが考え出された。下の地図で, それぞれの文明がおこった地域や発明された文字などを確認しよう。

太陽暦 太陽の動きをもとにつくられた暦で, 1年を365日として12か月に分ける。現在の暦も太陽暦の1つ。

太陰暦 月の満ち欠けをもとにつくられた暦。

甲骨文字 うらないの結果を, 亀の甲や牛の骨に刻んだ文字。現在の漢字のもとになった。

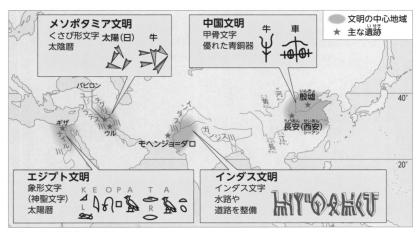

古代文明の発生地と発明

重要度 ████ まちがえやすさ ████

下の写真は,
縄文土器（じょうもん）である。

〇か✕か。

飾り（かざ）が多いのは, 縄文土器と弥生土器（やよい）の
どっちだっけ?

（ColBase）

73

73ページの写真は，
縄文土器。

💡 飾りが少ないのが弥生土器。

🗣 2つの土器，何が違う？

縄文土器は縄目のような文様がついているものが多いので，こう呼ばれる。低温で焼かれたため厚手でもろい。弥生土器は弥生時代に使われ，飾りが少なくうすくてかたい。どちらも食べ物の煮炊きや保存に使われていた。

たて穴住居 地面に穴を掘り屋根をつける
狩り
漁

縄文時代の暮らし

🗣 縄文時代はどんな暮らし？

縄文土器が使われていた，1万数千年前から紀元前4世紀ごろまでが縄文時代だ。

人々は狩りや漁，採集をして，土器を用いて調理や保存をすることで食生活が充実した。たて穴住居に住み，その近くには食べ終わった貝殻や土器などが捨てられて貝塚ができた。

(ColBase)

弥生土器…高温で焼かれたので赤褐色。

🗣 稲作が広まる弥生時代

紀元前4世紀ごろから紀元3世紀ごろまでが弥生時代だ。

朝鮮半島から稲作が伝わり広まった。収穫した稲の穂を摘み取る石包丁などの道具が使われ，収穫した稲は高床倉庫に蓄えた。人々は水田近くの台地にむらをつくって定住したんだ。
(ムラ,集落)

高床倉庫 ねずみや湿気を防ぐ
たて穴住居

弥生時代の暮らし

重要度　　　　　　　　　　　まちがえやすさ

Q.3

古墳の周りや墳丘の上には土偶が置かれた。

○か✕か。

 人や馬, 船, 家などいろんな種類があった。

▲大仙(大山)古墳

〔㈱Gakken写真資料〕

✖ 古墳に置かれたのは埴輪。

🎩 種類の違いがポイント!

土偶は縄文時代につくられた土の人形で, 食物の豊かな実りなどを祈るまじないに用いられたといわれる。女性をかたどったものが多い。いっぽう, 埴輪は人や馬, 船, 家などさまざまな種類がある。

土偶　　　　　　　　埴輪

🎩 古墳ってそもそも何なの?

古墳は各地の王や豪族の墓で, 3世紀後半からつくられた。円型の円墳や四角い方墳, その2つを合わせた**前方後円墳**(前が方形, 後ろが円形)などの形がある。大規模な前方後円墳がみられる大和(奈良県)には, 早い時期に強い勢力が生まれていたと考えられる。

古墳の分布…古墳をつくるには労力と材料が必要で, 富と権力をもつ王や豪族でないとつくれなかった。

🎩 大和政権が支配を拡大

大和を中心とする近畿地方の豪族たちが連合してつくったのが**大和政権**(ヤマト王権)だ。5世紀後半になると, 九州地方から東北地方南部まで支配を広げた。大和政権の王は**大王**(おおきみ・だいおう)と呼ばれたんだ。

> **前方後円墳**　大規模なものが多く, 75ページの大仙古墳(大阪府)が代表的。
> **大王**　7世紀ごろには天皇と呼ばれるようになった。

重要度 | まちがえやすさ

Q.4

しょうとくたいし　　　　おののいもこ
聖徳太子は小野妹子らを
けんとうし　　　　　　　　はけん
遣唐使として派遣した。

〇か✕か。

遣唐使が先だっけ?
けんずいし
それとも遣隋使が先だっけ?

妹子くーん、
こう　てい
中国の皇帝に
よろしく言っといて!

ハーイ

A.4

聖徳太子が派遣したのは，遣隋使。

遣隋使を派遣した理由

聖徳太子は，隋（中国）の進んだ制度や文化を取り入れるために小野妹子らを遣隋使として派遣した。607年のことだ。

618年に隋が滅んで唐がおこると，同じ理由で遣唐使が派遣された。その後，894年に停止されるまで続いたんだ。

7世紀初めの東アジア

——遣隋使の行路（初期）

聖徳太子ってどんな人？

聖徳太子（厩戸皇子）は，593年におばの推古天皇の摂政となった。そして蘇我馬子（有力な豪族）と協力して，天皇中心の政治のしくみを整えようとした。

摂政とは，天皇が幼いときや女性のときに政治を代行する役職だ。

伝聖徳太子像（中央）…生前は「厩戸皇子」などと呼ばれ，のちになって「聖徳太子」と呼ばれた。

（宮内庁）

聖徳太子は何をした？

聖徳太子は，家柄にとらわれず能力や功績のある人を役人に取り立てようと冠位十二階の制度を定めた。冠の色で位を示したんだ。また，仏教や儒学（儒教）の教えを取り入れた十七条の憲法を定め，役人の心構えを示した。

十七条の憲法（一部要約）

一に曰く，人の和を大切にして，争いをしないこと。

二に曰く，仏教を信仰すること。

三に曰く，天皇の命令には必ず従うこと。

重要度　　　　　　　　　　　　　　　　まちがえやすさ

Q.5

租・調・庸のうち、特産物を納めるのは「調」である。

〇か✕か。

租・調・庸は律令制の税で、特産物のほかにも稲や布を納めた。

A.5

特産物を納めるのは、「調」。

- -

💡 租は稲、庸は布を納める。

とにかく重い負担だった！

奈良時代の人々にとって、とくに重い負担だったのが調・庸。魚・貝などの特産物や布を、自分たちで都まで運ばなくてはいけなかったんだ。

租・調・庸のほかにも、雑徭（労役）や兵役（衛士や防人）など重い負担があり、逃げ出す人も多かった。
（衛士は都、防人は九州北部の警備）

何をもとに課税したの？

税は、戸籍に登録された性別や年齢、身分に基づいて課せられた。6歳以上の人々に与えられた口分田もこの戸籍に基づく。

しかし、農民の逃亡や自然災害で荒れ地が増えるなどした結果、口分田が不足する。そこで朝廷は新しく開墾した土地を永久私有できる墾田永年私財法を出した。743年のことだ。

租	収穫量の約3%の稲	
調	絹や魚などの特産物	
庸	労役の代わりの布	

人々の税…租は男女ともに課され、調・庸は成年男子のみに課された。

調・庸を都まで運ぶのにかかった日数

※九州は大宰府までの日数を示す。

9日以内 / 10〜19日 / 20〜29日 / 30〜39日 / 40日以上

大宰府　平城京

重要度 ■■■■■■ まちがえやすさ ■■■■■■

Q.6

空海（くうかい）が開いた
仏教の宗派は
天台宗（てんだいしゅう）である。

○か✕か。

 同じころ，最澄（さいちょう）も新たな仏教の宗派を開いた。

ため池を修築したり
温泉を開いたりしたぞ

空海

81

✕ 空海が開いた仏教の宗派は, 真言宗。

二人が開いたのはどんな仏教?

平安時代の初め, 最澄と空海は遣唐使とともに唐にわたり, 仏教の新たな教えを日本に伝えた。奈良時代の仏教と違い, 政治から離れ, 山奥の寺で学問や厳しい修行を行ったんだ。

最澄は天台宗を開いて, 比叡山に延暦寺を建てた。空海は真言宗を開いて, 高野山に金剛峯寺を建てた。2人の教えは, 天皇や貴族の間で広く信仰されたんだ。

最澄が建てた比叡山延暦寺（天台宗）

←平安京

平等院鳳凰堂

空海が建てた高野山金剛峯寺（真言宗）

主な寺院の位置

極楽浄土に行きたい!

10世紀になると, 自然災害や治安の悪化で人々の不安な気持ちが高まった。そこで, 阿弥陀如来（阿弥陀仏）にすがり極楽浄土へ生まれ変わることを願う浄土信仰（浄土の教え）がおこった。平等院鳳凰堂は極楽浄土を表現しようとした建物なんだ。

（平等院）

平等院鳳凰堂（京都府）…藤原頼通がつくった。

ゴロ合わせ		
平安時代の新たな仏教		天 才 天台宗 最澄 深 海 を泳ぐ 真言宗 空海

重要度 ▮▮▮▮▮ まちがえやすさ ▮▮▮▮▮

Q.7

摂政（せっしょう）は天皇の補佐役（ほさやく），
関白（かんぱく）は幼い天皇に代わって
政治を行う。

○か✕か。

平安（へいあん）時代中ごろから，藤原氏（ふじわらし）が摂政や関白に
なり政治の実権を握（にぎ）った。

天皇　道長の娘

結婚

この世をば

藤原道長

A.7

天皇が幼いときは
摂政
せっしょう

成人すると
関白
かんぱく

ふじわらのみちなが
藤原道長

よりみち
藤原頼通

どちらにしても実権を握れる

藤原氏が官職を独占！

平安時代の朝廷の政治を動かしたのは, 一部の有力な**貴族**だった。中でも, 藤原氏は自分の娘を天皇のきさきにして, その子を天皇に立てて勢力を伸ばしたんだ。

藤原氏が**摂政**や**関白**の地位について行った政治を摂関政治という。11世紀前半の藤原道長・頼通父子のときに全盛を迎えた。

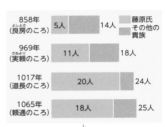

858年（良房のころ）	5人	14人
969年（実頼のころ）	11人	18人
1017年（道長のころ）	20人	24人
1065年（頼通のころ）	18人	25人

■藤原氏　■その他の貴族

朝廷の高い地位に占める藤原氏の人数

貴族の優雅な暮らし

藤原氏のような貴族は, **寝殿造**と呼ばれる広い屋敷に住んでいた。仕事でないときは, 琵琶や琴を演奏したり和歌をよんだりしたそうだ。年中行事を執り行うのも重要なことだった。

寝殿造の屋敷

唐風→国風へアップデート

摂関政治のころには, 唐風の文化を基礎としながらも, 日本の風土や暮らし, 日本人の感情に合った国風文化が栄えた。漢字を変形させたかな文字が生まれ, 藤原氏の娘に仕えた女性が優れた文学作品を著した。紫式部の『源氏物語』と清少納言の『枕草子』が有名だ。

ひらがな
安→安→あ
以→以→い
宇→宇→う
衣→衣→え
於→於→お

カタカナ
阿→ア
伊→イ
宇→ウ
江→エ
於→オ

漢字からかな文字への変化

重要度 ▮▮▮□□　　　　まちがえやすさ ▮▮□□□

Q.8

- -

平将門は武士として
初めて太政大臣となった。

○か✕か。

10世紀の中ごろに関東地方で反乱を
起こした平○○とは別の人物だ。

A.8

武士初の太政大臣は
平清盛。

💡 平将門は10世紀中ごろに反乱を起こした人物。

👮 清盛, 2度の内乱で勝利!

院政が行われていた12世紀半ば, 政治の実権をめぐって朝廷内の対立が激しくなり, 武士も加わって2度の内乱が起こった。1156年の保元の乱では, 武士の平清盛や源義朝の協力を得た後白河天皇が兄の上皇に勝利した。また, 1159年の平治の乱では, 平清盛が源義朝を破った。こうして武士の力で朝廷内の対立が決着したことから, 武士が政治において大きな力をもつようになったんだ。

👮 清盛はどんな政治を行ったの?

1167年に太政大臣となった平清盛は, 自分の娘を天皇のきさきにして朝廷との結びつきを強め, 高い役職や位を平氏一族で独占した。また, 兵庫の港や航路（兵庫県神戸市）を整備して, 宋（中国）との貿易にも力を入れた。日宋貿易だ。

しかし, 重職や富を独占する平氏に貴族や寺社, 武士の不満が高まり, 源頼朝や源義仲らが兵を挙げた。頼朝の弟の源義経は平氏を西日本へ追い, 壇ノ浦の戦い（山口県）で滅ぼしたんだ。

> **院政** 天皇がその位を譲って上皇となり, 実権を握ったまま行う政治。1086年に白河上皇が始めた。

> **平氏の栄華**
> ----------
> 平清盛の奥方の弟, 大納言平時忠は「平氏の一族でない者は, 人ではない」とまでおっしゃった。こんな様子だったから, 貴族たちは工夫して平家一門と縁を結ぼうとした。
> （『平家物語』より一部要約）

源平の争乱

	1183年の勢力範囲	
■ 源氏	← 源義経の進路	
■ 平氏	← 源義仲の進路	
■ 奥州藤原氏	← 源範頼の進路	

重要度 ▮▮▮▮ まちがえやすさ ▮▮▮▮

Q.9

源頼朝が国ごとに置いた
役職は, 守護である。

○か✕か。

 1185年, 源頼朝は支配を強めるため,
守護と地頭を設置した。

源頼朝が国ごとに置いたのは
守護（諸国の軍事・警察を担当し，御家人を統率した役職）。

💡 荘園や公領ごとには地頭を置いた。

※地頭は荘園や公領の管理，年貢の取り立てを行った役職。

🎩 頼朝，幕府を開く

源頼朝は1185年に守護と地頭を設置したあと，1192年には朝廷から征夷大将軍に任命された。これにより全国の武士を従える地位についたんだ。

源頼朝が鎌倉（神奈川県）に開いた，本格的な武士の政権を鎌倉幕府という。ここから約150年間は鎌倉時代が続いた。

🎩 将軍と御家人はどんな関係？

鎌倉幕府の将軍の家来となった武士を御家人といい，将軍と御家人は土地を仲立ちに御恩と奉公の関係で結ばれた。

将軍は御家人の領地を保護し，手柄を立てたときは新しい領地を与えたり，守護や地頭に任命したりした。これが御恩。いっぽう，御家人は将軍に忠誠を誓い，鎌倉や京都を警備して，戦いが起こると命がけで戦った。これが奉公だ。

征夷大将軍 頼朝の任命以降は，武士の最高の役職を指す。

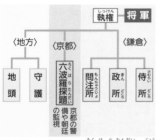

鎌倉幕府のしくみ…六波羅探題は承久の乱のあとに設置（→p.90）。

御恩と奉公の関係

（→p.90）

ゴロ合わせ
守護と地頭の設置

しかたない認めよう

朝廷に守護・地頭の設置を認めさせよう

後白河上皇　源頼朝

頼朝 すっごい 国ごと
　　　守護　　　国ごと
じっと 交渉
地頭　公領・荘園

重要度　　　　　　　　　　　　　　まちがえやすさ

Q.10

げん じ
源氏の将軍がとだえたのち,
とう ばく
倒幕の兵を挙げたのは,
ご だい ご てんのう
後醍醐天皇である。

〇か✕か。

かまくら　　　　　　む ろ まち
鎌倉時代や室町時代には,後〇〇天皇や
じょうこう
後〇〇上皇がいたよね。

朝敵に
なっちゃうよー

大丈夫かな
不安だな…

みなさんが
静かになるまで
5分かかりました

御家人たち　　　　北条政子

倒幕の兵を挙げたのは、後鳥羽上皇。

💡 後醍醐天皇は鎌倉幕府を滅ぼし、建武の新政を行った人物。

🧑 ピンチを乗り越え、支配を強化

源頼朝が亡くなったあと、鎌倉幕府の政治の実権は**北条氏**が握り、その後執権の役職を独占して政治を行った。これを執権政治という。（将軍の補佐役）

1221年、政治の実権を朝廷に戻そうと**後鳥羽上皇**が倒幕の兵を挙げ承久の乱が起こるが、御家人は結束して上皇軍を破った。その後、幕府は朝廷の監視などのため京都に**六波羅探題**を設置し、武士社会最初の法律である**御成敗式目**を定めて支配を固めたんだ。（貞永式目）

🪖 幕府、またもやピンチ！

13世紀後半には、中国を支配していたモンゴル民族の**元**が2度にわたって日本に攻めてきた。1274年の**文永の役**と1281年の**弘安の役**だ。まとめて**元寇**という。元軍の集団戦法と火薬兵器に苦しんだ（蒙古襲来）が、暴風雨などの影響もあり元軍は引き揚げた。

幕府を支えた御家人たちは、領地の分割相続の繰り返しと元寇での負担で生活が苦しくなって（領地は妻と子で分割して相続された）いった。幕府は御家人を救うために徳政令を出したが、効果は一時的で御家人の不満が高まった。

御成敗式目

一、諸国の守護の仕事は、御家人に京都の御所を警備するように促すことと、謀反や殺人などの犯罪人の取り締まりに限る。

一、武士が20年間、実際に土地を支配しているならば、その権利を認める。　（一部要約）

(ColBase)

元軍（左）と御家人の戦い

永仁の徳政令(1297年)

領地の質入れや売買は、御家人の生活が苦しくなるもとなので、今後は禁止する。すでに売り渡された御家人の土地は、もとの持ち主に返すこと。　（一部要約）

重要度   まちがえやすさ

下の写真の銀閣（ぎんかく）は，北山文化（きたやま）を代表する建物である。

○か✕か。

 室町時代（むろまち）には北山文化や東山文化（ひがしやま）が生まれた。

(慈照寺)

A.11

銀閣に代表されるのは
質素な東山文化。

💡 北山文化は貴族の文化の影響も受けている。

👤 貴族と武士の文化が融合!

室町時代には，貴族の文化と，禅宗の影響を受けた武士の文化が混じり合った室町文化が栄えた。

金閣に代表される，3代将軍足利義満のころの文化が北山文化だ。義満の保護を受けた観阿弥・世阿弥父子は能（能楽）を完成させた。能や，能の合間に演じられる狂言は現在まで続いている。

金閣…京都の北山に建てられた義満の別荘。

👤 シブめの東山文化

いっぽう室町時代後半に栄えた，銀閣に代表される文化が東山文化だ。8代将軍足利義政がつくった銀閣には，書院造が取り入れられた。

禅宗の僧である雪舟は，墨一色で自然を描く水墨画を完成させた。

秋冬山水図
（雪舟画）

（ColBase）

違い棚
明かり障子
ふすま

（絵・ゼンジ）

書院造…禅宗寺院の建築様式を武士の住居に取り入れたもの。絵は，銀閣と同じ敷地にある東求堂という建物の同仁斎と呼ばれる部屋。

ゴロ合わせ

北山文化と 東山文化

きたー 　金　 見つけた
北山文化　金閣　義満
まさに 日がしずむ ぎんりぎり
義政 　東山文化 　　銀閣

重要度　　　　　　　　　　　　　　まちがえやすさ

Q.12

1498年, インドに
到達（とうたつ）したのは
コロンブスの一行である。

○か✕か。

下の3人は, 大航海時代を代表する航海者だ。

アジアの香辛料がほしい！

コロンブス　バスコ゠ダ゠ガマ　マゼラン

こしょう

93

✕ インドに到達したのは
バスコ=ダ=ガマ。

🕵️ なぜアジアに向かった?

羅針盤（らしんばん）の実用化や航海術の進歩などにより，ヨーロッパの国々は遠洋に乗り出すことが可能になって大航海時代が始まった。15世紀のことだ。

その先がけとなった国がポルトガルとスペインで，両国はアジアへの航路を開拓しようとした。直接インドや中国と香辛料（こうしんりょう）や絹織物などの取り引き（こしょうなど）をしたいと考えたからだ。当時，アジアの産物はムスリム商人を通じて輸入していたため，値段が高く（イスラム商人）なりがちだった。貿易だけでなく，キリスト教の布教も目的だった。

こしょう…香辛料は調味料や肉の保存剤（ほぞんざい），薬として用いられた。

〔ピクスタ〕

西インド諸島　コロンブスがインドに着いたと誤解（ごかい）したことが名前の由来。

マゼラン船隊　大西洋を南下し，南アメリカ大陸の南端を通り，太平洋（たいへいよう），インド洋を横断して世界一周を達成した。

🕵️ 新しい航路が開かれる!

スペインの援助（えんじょ）を受けたコロンブスは大西洋を横断し，アジアを目指した。しかし到達したのは，アメリカ大陸付近の西インド諸島だった。1492年のことだ。いっぽう，ポルトガルのバスコ=ダ=ガマは，アフリカ大陸南端（なんたん）の喜望峰（きぼうほう）を回り，インドに到達した。

| スペインとその植民地 |
| ポルトガルとその植民地 |

コロンブス
（1492～93年）
西インド諸島に到達

バスコ=ダ=ガマ
（1497～99年）
インド航路開拓

マゼラン船隊
（1519～22年）
世界一周

リスボン　パロス　インド　日本
西インド諸島　大西洋　インド洋　喜望峰　太平洋

新航路の開拓

重要度 | まちがえやすさ

Q.13

宣教師の国外追放を
命じたのは
豊臣秀吉である。

○か✕か。

 織田信長と豊臣秀吉のキリスト教政策は
異なるものだった。

全国統一のさまたげに
なるから出ていけ〜！！

今、日本に着いた
ところなのに…

宣教師

豊臣秀吉

A.13

宣教師を国外追放したのは
豊臣秀吉。

💡 織田信長はキリスト教を保護した。

👮 キリスト教はいつ伝わった?

キリスト教が日本に伝わったのは1549年のこと。イエズス会の宣教師**フランシスコ=ザビエル**が**鹿児島**に上陸して, 布教を始めたんだ。

その後も多くの宣教師が来日し, 信者(**キリシタン**)を増やしていった。戦国大名の中には, スペイン人やポルトガル人との貿易の利益のためにキリ
(スペイン人やポルトガル人は南蛮人と呼ばれた)
スト教を保護し, 自ら信者になる者(キリシタン大名)もいた。この貿易を南蛮貿易と呼ぶ。生糸や絹織物, 香辛料, 鉄砲や火薬を輸入し,
(中国産)　(東南アジア産)　(ヨーロッパ産)
主に銀を輸出したんだ。

フランシスコ=ザビエル

🎓 秀吉が政策を変えたのはなぜ?

豊臣秀吉が仕えていた**織田信長**は, 仏教勢力に対抗するためキリスト教を保護した。信長の全国統一事業を引き継いだ秀吉も, 最初はキリスト教を保護した。しかし, 長崎がキリシタン大名によって教会に寄進されたことを知ると, 1587年にバテレン追放令
(宣教師追放令)
を出して宣教師の国外追放と布教禁止を命じたんだ。ただし, 南蛮貿易は禁止しなかったため, 追放令は不徹底だった。

南蛮船と南蛮人

> **バテレン追放令**(一部要約)
> ----------------------------------
> 一, 日本は神国であるから, キリスト教国が邪教(キリスト教)を伝え広めるのは非常によくない。
>
> 一, ポルトガル船は商売のために来ているので, 特別に許可する。今後も商売をしに来るように。

実力がついたかどうか確かめよう

確認テスト ③

100点満点
答えはp.182

1 原始・古代の暮らしや文化について，次の問いに答えなさい。 6点×4

(ColBase)

(1) 右の写真の土器は赤褐色をしていて，飾りが少なくうすくてかたいのが特徴である。この土器が使われていた時代を，次の**ア～ウ**から1つ選びなさい。　〔　　〕

ア 旧石器時代　　**イ** 縄文時代
ウ 弥生時代

ミス注意 (2) 奈良時代，人々には租・調・庸という税が課せられた。このうち，庸にあたるものを次の**ア～ウ**から1つ選びなさい。　〔　　〕

ア 絹や魚などの特産物を納める。　　**イ** 収穫量の約3%の稲を納める。
ウ 都での労役の代わりに布を納める。

(3) 平安時代初めに天台宗を開いた僧は誰か。また，その僧の本拠である寺を次の**ア～エ**から1つ選びなさい。　僧〔　　　〕寺〔　　〕

ア 延暦寺　　**イ** 東大寺　　**ウ** 金剛峯寺　　**エ** 唐招提寺

2 古代の政治について，次の問いに答えなさい。 (3)は8点，ほかは5点×2

(1) 大規模な古墳がみられ，3世紀後半に大和政権が成立したと考えられる地域を，右の地図中の**A～C**から1つ選びなさい。　〔　　〕

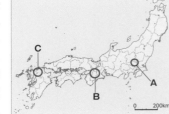

よく出る (2) 聖徳太子が使者を派遣し，進んだ制度や文化を取り入れようとした国を，次の**ア～エ**から1つ選びなさい。

ア 漢　**イ** 唐　**ウ** 隋　**エ** 宋　　　　〔　　〕

(3) 藤原氏は平安時代に摂関政治を行い，朝廷の高い地位を独占した。どのように勢力を伸ばしたか，「娘」「天皇」の語句を用いて簡単に答えなさい。

〔　　　　　　　　　　　　　　　　　　　　　　　　　　　〕

3 鎌倉時代について, 次の問いに答えなさい。

5点×5

(1) 鎌倉幕府を開いたのは誰ですか。
〔   〕

よく出る (2) 次の文に当てはまる役職を, 右の図中からそれぞれ選んで書きなさい。

① 荘園や公領ごとに置かれ, 年貢の取り立てなどを行った。
〔   〕

```
                    執権  将軍

地  守  六      問  政  侍
頭  護  波羅探題  注所  所  所
```

鎌倉幕府のしくみ

② 国ごとに置かれ, 軍事や警察を担当した。 〔   〕

(3) 図中の六波羅探題は, 1221年に起こった反乱のあとに置かれた。後鳥羽上皇が起こしたこの反乱を何といいますか。 〔   〕

(4) (3)の反乱のあとに定められた, 武士社会最初の法律を何といいますか。
〔   〕

4 室町～安土桃山時代について, 次の問いに答えなさい。

(3)3は8点, ほかは5点×5

ミス注意 (1) 室町時代の文化について, 下の語群にあるものを①足利義満のころのものと, ②足利義政のころのものに分けて答えなさい。

①〔   〕 ②〔   〕

語群：東山文化   金閣   北山文化   銀閣

(2) 大航海時代にスペインの援助を受けて大西洋を横断し, アメリカ大陸付近の西インド諸島に到達した航海者は誰ですか。
〔   〕

(3) キリスト教について, 次の問いに答えなさい。

① 日本にキリスト教を伝えたのは誰ですか。 〔   〕

② 右の法令を出したのは誰ですか。 〔   〕

③ 右の法令が出されたものの, キリスト教の禁止は十分に徹底できなかった。その理由を, 法令の内容も参考に, 簡単に答えなさい。

> 一、日本は神国であるから, キリスト教国が邪教(キリスト教)を伝え広めるのは非常によくない。
> 一、ポルトガル船は商売のために来ているので, 特別に許可する。今後も商売をしに来るように。

〔   〕

重要度 ▢▢▢▢▢ まちがえやすさ ▢▢▢▢▢

Q.14

「鎖国（さこく）」下で唯一（ゆいいつ）貿易を認められていたヨーロッパの国はオランダである。

〇か✖か。

 なぜ貿易を認められたかを考えるんだ。

毎年海外の情報をまとめて提出しろなんてめんどくさいな〜

商館長　出島

A.14

「鎖国」下で貿易を認められたのは

オランダと中国。

💡 スペイン船やポルトガル船は来航禁止。

👨 オランダが許されたのはなぜ？

江戸幕府はキリスト教を禁止し，貿易を統制して外交を独占した。この体制を「鎖国」という。オランダと中国が貿易を認められたのは，キリスト教を広める心配がなかったからだ。幕府の監視のもと，長崎で貿易が行われた。

右の絵がオランダとの貿易が行われた出島で，オランダ商館が置かれた。幕府は商館長にヨーロッパやアジアの情報をまとめた「オランダ風説書」を提出させ，海外情報を独占した。

中国では17世紀前半に清が成立し，商船が長崎に来航して貿易を行ったんだ。

👨 ほかにも交流があった！

琉球と薩摩藩，蝦夷地に住むアイヌの人々と松前藩が交流。対馬藩と交流していた朝鮮からは，祝いの使節（朝鮮通信使）が日本を訪れた。
（主に将軍の代がわりのときに）

長崎の出島…人の出入りは厳しく制限された。
（長崎歴史文化博物館）

対外的に開かれた4つの窓口

ゴロ合わせ

鎖国下で貿易を許された国

鎖国後は　出島に
鎖国　　　　　出島
送る　お　中元
オランダ　中国

重要度　■■■■■　　　まちがえやすさ　■■■■■

図の赤線で示した街道は，五街道のうちの中山道である。

〇か✕か。

東海道, 中山道, 甲州道中, 奥州道中, 日光道中の5つを五街道という。

白河

日光

下諏訪

宇都宮

京都

草津

江戸

A.15

図の赤線で示した街道は
中山道。

💡 東海道や甲州道中とまちがえないように。

🎩交通路が各地を結ぶ！

　江戸幕府は、18世紀初めごろまでに交通路を整備した。陸上交通では、江戸の日本橋を起点とする五街道が設けられ、大名が参勤交代の際に利用したんだ。街道の途中には宿場が置かれ、宿場町は多くの人でにぎわった。また、東海道や中山道には、人々の通行などを監視する関所が置かれたぞ。（箱根や碓氷などが有名）

　水上交通では、東北・北陸地方の年貢米などを江戸や大阪に運ぶ、東廻り航路・西廻り航路が開かれた。京都や大阪の品物を江戸に運ぶときは南海路が利用されたんだ。（菱垣廻船や樽廻船が行き来）

江戸時代の交通の発達

地図：—五街道、西廻り航路、南海路（菱垣廻船・樽廻船）、東廻り航路、日光道中、甲州道中、中山道、京都、大阪、東海道、奥州道中、日光、白河、下諏訪、宇都宮、江戸

> **参勤交代**　大名に、1年おきに江戸と領地を往復させ、人質として大名の妻子を江戸に住まわせた制度。

🎩三都とはどこのこと？

　17世紀後半にめざましく発展した江戸・大阪・京都が三都だ。江戸は「将軍のおひざもと」と呼ばれ、政治の中心地として栄え、18世紀初めには人口約100万人を数えた。大阪は「天下の台所」と呼ばれる商業の中心地として、都が置かれた京都は文化の中心地として栄えたんだ。

（大阪市立中央図書館）

大阪の港の様子…各藩が蔵屋敷を置き、年貢米や特産物を売った。

重要度 ◢◤◥◣　　　　　　　まちがえやすさ ◢◤◥◣

Q.16

下の徳川吉宗が行った
江戸幕府の改革は
寛政の改革である。

〇か✕か。

江戸時代の主な政治改革は,享保の改革,
寛政の改革,天保の改革だ。

(徳川記念財団)

103

A.16

✖ **徳川吉宗が行った改革は享保の改革。**

3つの改革とは?

　江戸時代の3つの改革は, いずれも元号が改革の名前で, 財政の立て直しという点で共通している。とくに混同しやすいから, 右の表や下のゴロ合わせで覚えておくといい。

何を改革した?

　徳川吉宗は8代将軍, 松平定信と水野忠邦は老中だ。(幕府政治の取りまとめ)吉宗は享保の改革で, とくに米の増産を進めたので,「米将軍」とも呼ばれた。松平定信の寛政の改革は統制が厳しすぎたので,「白河の清きに魚の住みかねてもとのにごりの田沼恋しき」という狂歌がよまれた。(前の老中の田沼意次の政治のほうがましである)水野忠邦は天保の改革で江戸・大阪周辺を幕領にしようとしたが, 大名の激しい反対にあい, 中止となった。

改革	人物	内容
享保の改革	徳川吉宗	新田開発で年貢収入を安定させた。公事方御定書を定め, 目安箱を設置。
寛政の改革	松平定信	江戸に出稼ぎに来ていた農民を村に帰らせた。武士の借金を帳消しにした。
天保の改革	水野忠邦	物価引き下げのため, 商工業者の同業者組合である株仲間を解散させた。

江戸時代の政治改革…享保の改革で幕府の財政は一時的に立ち直ったが, 年貢の取り立てが厳しくなったことや, ききんで米価が上昇したことなどで人々の生活は苦しくなった。

公事方御定書(一部要約)

一, 人を殺して盗みをした者は, 引き回しのうえに獄門

一, おいはぎをした者は獄門
※獄門は江戸時代の死刑の一種。

裁判の基準となる法律

ゴロ合わせ

江戸時代の3つの改革

今日	完成した	店舗
享保	寛政	天保
よし	まず	水飲もう
吉宗	松平	水野

重要度 ■■■■■　　　まちがえやすさ ■■■■■

Q.17

下の「見返り美人図」は
元禄（げんろく）文化を代表する
浮世絵（うきよえ）である。

〇か×か。

江戸（えど）時代の文化には化政（かせい）文化もある。

（ColBase）

「見返り美人図」は 元禄文化を代表する浮世絵。

文化の中心は町人? 元禄文化

元禄文化は, 17世紀末から18世紀初めにかけて, 上方を中心に栄えた文化だ。経済力をつけた町人が担い手となった。菱川師宣は, 町人の姿を描いた美人画や役者絵で優れた作品を残し, 浮世絵の祖ともいわれるんだ。

町人は歌舞伎や人形浄瑠璃を楽しみ, 近松門左衛門はその脚本を書いて人気を博した。井原西鶴や松尾芭蕉が活躍したのもこのころだ。

日本の浮世絵に世界が驚く!

19世紀前半に江戸の庶民を中心に栄えた化政文化では, 錦絵と呼ばれる多色刷りの版画が生まれた。美人画を描いた喜多川歌麿, 風景画を描いた葛飾北斎や歌川広重が大人気。日本の浮世絵の大胆な構図や色使いは, ゴッホなどのヨーロッパの画家も参考にしたほどだ。

井原西鶴　町人や武士の暮らしを浮世草子と呼ばれる小説に描いた。『日本永代蔵』が代表作。

松尾芭蕉　各地を旅して句をよみ, 俳諧を芸術へと高めた。『奥の細道』が代表作。

「ポッピンを吹く女」(喜多川歌麿)(ColBase)

「富嶽三十六景」神奈川沖浪裏(葛飾北斎)

ゴロ合わせ

元禄文化の人物

ロックフェスの　日
元禄文化　　　　　　菱川
近い　場所　確保
近松　芭蕉　西鶴

106

重要度 ███ ░░░　　　　まちがえやすさ ███ ░░░

Q.18

アメリカ独立戦争では,
リンカンが率いる
植民地軍が勝利した。

○か✕か。

下は, アメリカのラシュモア山に刻まれた
4人の大統領の彫刻だ。

私がジェファーソン
大統領だ。

私がワシントン
大統領だ。

私がローズベルト
大統領だ。

私がリンカン
大統領だ。

(Jan Halaska/PPS通信社)

A.18

独立戦争で勝利したのは
ワシントン。

💡 **南北戦争で勝利したのがリンカン。**
(1861〜65年)

アメリカ合衆国が誕生！

　北アメリカの東部では，18世紀半ばまでにイギリスが13の植民地をつくっていた。当時のイギリスは財政が苦しく，植民地に新たな税を課すことにした。植民地の人々はこれに反発した。本国の議会に代表者を送る権利がなかったからだ。

　1775年，植民地側はワシントンを最高司令官に独立戦争を起こし，翌年には独立宣言を発表した。外国の支援を受けた植民地軍は戦争に勝利。（フランスなどのヨーロッパ諸国）アメリカ合衆国が成立して，1787年，人民主権や三権分立を柱とする合衆国憲法が制定された。ワシントンは初代大統領になったんだ。

南北戦争はどんな戦いだったの？

　独立後のアメリカは西部の開拓を進め，太平洋側まで領土を広げて商工業も発展した。しかし，19世紀中ごろになると，奴隷制や貿易などをめぐって南部と北部の対立が深まり，1861年に南北戦争が始まった。戦争中，北部を率いたリンカン大統領は奴隷解放宣言を出し，南部を破った。再び統一を取り戻したアメリカはさらに発展したんだ。

独立宣言（一部要約）

　われわれは，自明の真理として，すべての人々は平等につくられ，創造主により一定の奪いがたい生まれながらの権利を与えられ，その中に，生命・自由および幸福の追求が含まれていることを信じる。

アメリカの領土の広がり

南部		北部
奴隷による綿花栽培	経済	工業が発展
大農場主	中心勢力	資本家
自由貿易を望む	貿易	保護貿易を望む
賛成	奴隷制	反対

南北戦争時の南部と北部の対立

重要度 ▨▨▨□□　　　　　　　　　まちがえやすさ ▨▨▨□□

Q.19

大老の井伊直弼は朝廷の許可を得ないまま,日米修好通商条約を結んだ。

○か✕か。

 幕末にアメリカと結んだのは,
日米和親条約と日米修好通商条約だ。

えっ!? 条約 結ぶの許してないんですけど ひどいじゃんか!! ムキー

井伊直弼

ムスッ

孝明天皇

A.19

大老の井伊直弼が結んだのは
日米修好通商条約。

💡 日米和親条約はそれより前に結ばれた。

🎓 日本, ついに開国

1853年, アメリカのペリーが4隻の軍艦を率いて浦賀に来航し, 日本に開国を求めた。外国には武力でかなわないと考えた江戸幕府は, 翌年に日米和親条約を結び下田と函館の2港を開いて開国した。ついに「鎖国」体制が崩れたんだ。

🎓 通商条約には大きな問題が!

貿易の自由化も求められた幕府は, 朝廷に許可を求めたものの許されなかった。しかし, 井伊直弼は中国が戦争でイギリスやフランスに敗れたことを知り, 朝廷の許可を待たずに日米修好通商条約を結んだんだ。この条約はアメリカの領事裁判権（治外法権）を認め, 日本に関税自主権（輸入品にかける税金を自由に決める権利）がないなど不平等な内容だったが, 開かれた5港で貿易が始まった。

黒船の来航

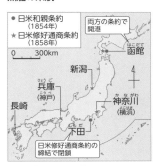

2つの条約の開港地

外国の領事裁判権を認めていると…

罪をおかした人を日本に引きわたせ！

いいや。私の国の法律で裁く

日本の法律で外国人を裁けず, その国の領事が裁判した。

日本に関税自主権がないと…

外国　日本へ輸出　日本

安い綿織物

安い！

関税を自由に決められるので, 日本で自国の製品を安く売れる

日本の製品が売れないよ

110

重要度 ■■■□□　　　　　　　　　　まちがえやすさ ■■□□□

Q.20

明治時代, 大名から土地と
人民を天皇に返させた
政策を廃藩置県という。

〇か✕か。

明治政府は, 地方を直接治めようと版籍奉還と
廃藩置県を行った。

土地と人民を返させた政策は版籍奉還。

（はんせきほうかん）

明治維新っていったい何？

明治維新とは、幕末から明治時代初めにかけて進められた政治・経済・社会の変革のこと。

1868年、明治新政府は五箇条の御誓文を出し、新しい政治の基本方針を示した。広く会議を開き、世論に基づく政治を行うことなどがその内容だ。また、江戸を東京に改称し、東京を首都とした。元号も明治に改めた。
（一世一元の制を採用）

五箇条の御誓文 (一部要約)

一、広ク会議ヲ興シ万機公論ニ決スヘシ
（おこ）（ばんき）①

一、上下心ヲ一ニシテ盛ニ経綸ヲ行フヘシ
（しょうか）（いつ）（けいりん）②
（ツ）（ヘ）

①=すべての国務。　②=政策。

版籍奉還と廃藩置県

新政府は中央集権国家を確立しようと、1869年に版籍奉還を行った。しかし、藩の政治はもとの藩主がそのまま担ったので効果がなかった。そこで1871年、藩を廃止して府・県を置き、中央から府知事・県令を派遣して治めさせる廃藩置県を行ったんだ。
（のちの県知事）

いっぽう、政府の重要な役職は薩摩・長州・土佐・肥前の4藩の出身者と少数の公家が占め、のちに藩閥政府と呼ばれた。
（鹿児島県）（山口県）（高知県）（佐賀県）
（政治）

	版籍奉還	廃藩置県
実施	1869年	1871年
内容	大名が土地(版)と人民(籍)を天皇に返す。	藩を廃止して、府・県を置く。
政治	もとの藩主がそのまま政治を担う。	中央から派遣された府知事・県令が政治を行う。

版籍奉還と廃藩置県

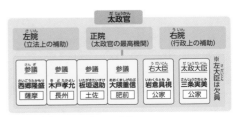

明治新政府のしくみ (1871年)

重要度 　　　　　　　　　　　　　まちがえやすさ

Q.21

三国干渉で
日本が返還したのは
地図中のAである。

○か✕か。

Aは遼東半島，Bは朝鮮，Cは台湾だ。
リアオトン

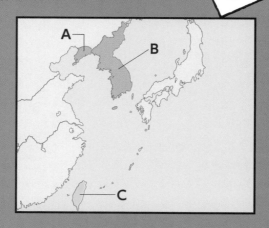

A.21

三国干渉で返還したのは
Aの遼東半島。
リアオトン

💡 日本が獲得していたのは遼東半島や台湾。

🎓 遼東半島を得たのはいつ?

　日本は日清戦争に勝利し、講和条約の下関条約で台湾・澎湖諸島とともに遼東半島を得た。右の地図で下関条約の内容を確認しておこう。

　日清戦争は、1894年に朝鮮の支配をめぐり日本と清との間で起こった戦争だ。きっかけは朝鮮で起こった甲午農民戦争という反乱だった。この反乱を鎮圧するために日本と清が朝鮮に出兵し、両軍が衝突して戦争となった。

🎓 遼東半島を返せ!

　日本が朝鮮や中国に勢力を伸ばすことを警戒したロシアは、フランスとドイツを誘って、遼東半島を清に返すように日本にせまった(三国干渉)。軍事的に対抗できなかった日本は、遼東半島返還分の補償金を清から受け取ることを条件に、これを受け入れたんだ。当然、日本国民の間では、反ロシア感情が高まった。

　日本政府は、清から得た賠償金の多くを軍備の拡張に使い、国力の充実を図る。大規模な予算を議会で認めてもらうために、藩閥政府は政党に歩み寄って協力を得ようとしたんだ。
（民党）

下関条約の主な内容

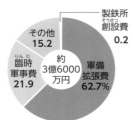

（「近現代日本経済史要覧」）

日清戦争の賠償金の使いみち
…遼東半島の返還分の補償金を含む。

重要度 　　　　　　　　　　　　　まちがえやすさ

1882年に結ばれた三国同盟（さんごくどうめい）を示しているのは, 下のAである。

○か✕か。

 第一次世界大戦は, 同盟国と協商国（きょうしょうこく） (連合国) の戦いだった。

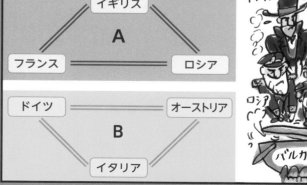

イギリス

A

フランス　　　　　ロシア

ドイツ　　　　　オーストリア

B

イタリア

イギリス　　イタリア

ロシア　ドイツ　オーストリア

バルカン問題

Bが
三国同盟。

💡 イギリス・フランス・ロシアで三国協商。

🎩 第一次世界大戦が勃発!

1914年, バルカン半島で起こった**サラエボ事件**をきっかけに, **同盟国**と**連合国**（協商国とその側に立った国）とに分かれて, 第一次世界大戦が始まった。飛行機や戦車などの新兵器が登場し, 各国が国力のすべてをつぎこむ**総力戦**となったんだ。

しばらくこう着状態が続いたが, 1917年にアメリカが連合国側で参戦すると連合国が有利となり, 翌年ドイツが降伏。連合国の勝利で大戦が終わった。

日本は**日英同盟**を理由に連合国側で参戦した。

第一次世界大戦中のヨーロッパ

連合国側
同盟国側
中立国
1917年の同盟国軍の前線
※イタリアは連合国側で参戦

> **サラエボ事件** オーストリアの皇位継承者(皇太子)夫妻がスラブ系セルビア人に暗殺された事件。
> **日英同盟** 1902年, 南下するロシアに対抗するために, 日本とイギリスが結んだ同盟。

🎩 二度と戦争を起こさないために…

1919年, パリ講和会議が開かれ**ベルサイユ条約**が結ばれた。この条約でドイツは全植民地と領土の一部を失い, 巨額の賠償金を課されたんだ。

また, アメリカの**ウィルソン大統領**の提案で**国際連盟**が設立された。（世界平和と国際協調が目的）しかし, アメリカが議会の反対で加盟できなかったことや, 初めはソ連や敗戦国の加盟が認められなかったため, 国際連盟の影響力は弱かった。

（国立国会図書館）

新渡戸稲造…国際連盟の事務次長として活躍した。

重要度 ■ ■ ■ □ □　　　　　まちがえやすさ ■ ■ ■ ■ □

Q.23

犬養毅首相が暗殺され，
政党政治が終わったのは
二・二六事件である。

○か✕か。

 同じころに五・一五事件という事件もあったな。

A.23

✕ 犬養毅首相が暗殺されたのは
五・一五事件。

誰に暗殺されたの?

犬養首相は軍部主導の政治を求める海軍の青年将校たちに暗殺された。1932年5月15日のことだ。犬養首相は軍部の行動をある程度容認していたものの、満州国の承認には消極的だったからだ。

満州国とは、満州(中国東北部)にいた日本の軍隊(関東軍)が1931年に満州事変を起こして翌年に建国宣言した国で、事実上、日本が支配していた。満州での日本の権益を守り、それを拡大しようとする主張(満州は資源が豊富だった)が高まっていたのだ。

五・一五事件の結果、政党政治が終わり、軍人出身者主導の内閣が多くなった。

二・二六事件はどんな事件?

陸軍の青年将校らが大臣などを殺傷し東京中心部を占拠したのが二・二六事件だ。1936年2月26日のことだった。彼らは、腐敗した政治家や財閥をたおし、天皇を中心とする新しい国をつくろうと訴えた。反乱は数日で鎮圧されたが、軍部の政治的な発言力はさらに強くなり、軍備の増強が進められたんだ。

満州国の範囲…1931年、関東軍は南満州鉄道の線路を爆破し(柳条湖事件)、これを中国軍のしわざとして軍事行動を始め、満州の大部分を占領した(満州事変)。

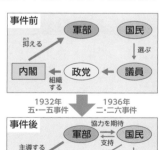

五・一五事件と二・二六事件の前後での政治の変化

重要度　　　　　　　　　　　　まちがえやすさ

Q.24

ポツダム宣言は, アメリカ・イギリス・ソ連の名で発表された。

○か✕か。

 当時の日本とソ連の関係はどうだったかな…?

▶ヤルタ会談

(アフロ)

119

✕ ポツダム宣言は,アメリカ・イギリス・中国の名で発表。
（国民政府）

ポツダム宣言ってどんなもの?

ポツダム宣言は,第二次世界大戦において日本の無条件降伏を促す共同宣言だ。1945年7月に**アメリカ・イギリス・ソ連**の首脳が集まって発表された。当時,日本とソ連は**日ソ中立条約**を結んでいたため,**中国**の同意を得たうえ（1941年4月締結）で米・英・中の名で発表されたんだ。

ただこれに先立って,ソ連で2月に行われた**ヤルタ会談**では,ソ連が中立条約を破って対日（p.119の写真）参戦することがすでに密約されていた。
（ヤルタ協定。ソ連は見返りに千島列島や南樺太を獲得）

日本,ポツダム宣言を受諾

日本はポツダム宣言を当初受け入れなかったが,アメリカが2度**原子爆弾**を投下し,ソ連が日本に宣戦布告して侵攻すると日本はポツダム宣言を受け入れて降伏することを決めた。1945年8月15日,**昭和天皇**がラジオ放送で国民に降伏を伝えたんだ。（玉音放送と呼んだ）

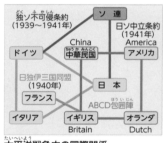

太平洋戦争中の国際関係

ポツダム宣言（一部要約）

- -

6　日本国民をだまして,世界征服に乗り出すといった過ちを犯させた者の権力と勢力は,永久に除去する。

8　日本国の主権がおよぶのは,本州・北海道・九州・四国と連合国が決める島に限る。

民主主義の確立なども求められた。

ゴロ合わせ

| ポツダム宣言の発表国 |  | | アメリカ人　ポツリと
アメリカ　　ポツダム宣言
意中の人を　発表
イギリス・中国 |

重要度 ‖ ‖ ‖ ‖ ‖ ‖ ‖ まちがえやすさ ‖ ‖ ‖ ‖ ‖ ‖ ‖

Q.25

日本国憲法は
1946年5月3日に公布，
1947年11月3日に施行。

○か✕か。

 憲法記念日は，憲法が施行された日として
国民の祝日になっている。

A.25

1946年11月3日に公布，1947年5月3日に施行。

💡 11月3日は文化の日となっている。
（国民の祝日）

憲法の改正は民主化の柱

戦争に敗れた日本は連合国軍に占領され，マッカーサーを最高司令官とする連合国軍最高司令官総司令部（GHQ）の指令に従って，日本の非軍事化と民主化のためのさまざまな改革が行われた。

中でも重要だったのが，天皇を主権者として定めた大日本帝国憲法の改正だ。日本政府はGHQの改正案をもとに憲法草案を作成。帝国議会での審議・修正を経て公布・施行となった。

日本国憲法で何が変わった？

日本国憲法は，国民主権・基本的人権の尊重・平和主義を基本原理としている。大日本帝国憲法（個人の尊厳）で主権者だった天皇は統治権を失い，日本国および国民統合の象徴とされた。（戦争の放棄）

日本国憲法に合わせてさまざまな法律の整備も進んだ。明治時代にできた民法が改正され，新しい家族制度が定められた。また，民主主義教育の基本を示す教育基本法が制定されて教育勅語は失効したんだ。（男女平等に基づく）

大日本帝国憲法		日本国憲法
欽定憲法（天皇が定める憲法）	性格	民定憲法（国民が定める憲法）
天皇	主権者	国民
法律の範囲内で自由や権利を認める	国民の権利	永久・不可侵の基本的人権を保障
兵役, 納税, (教育)	国民の義務	教育, 勤労, 納税

大日本帝国憲法と日本国憲法の比較

『あたらしい憲法のはなし』…当時の中学校1年生向けの教科書。

（国立国会図書館）

（毎日新聞社）

戦後の小学校の授業風景…教育基本法では，男女共学なども定められた。

重要度 ▮▮▮▮▮ まちがえやすさ ▮▮▮▮▮

Q.26

2つの写真は, 同じ年のできごとである。

○か✕か。

 どちらも日本の高度経済成長期のできごとだ。

（朝日新聞社／時事通信フォト）

〔㈱Gakken写真資料〕

A.26

いずれも 1964年のできごと。

💡 東海道新幹線の開通と東京オリンピックの開会式。

日本経済のめざましい発展

日本経済は戦争で打撃を受けたけど, 1950年代半ばまでに戦前の水準に戻り, その後も急成長をとげた。これを高度経済成長といい, 1955年から1973年の間は, 年平均10%程度の経済成長率が続いたんだ。

1964年の東京オリンピック・パラリンピックの開催は, まさに日本の高度経済成長の象徴ともいえるできごと。これに合わせて高速道路や新幹線の整備も進んだんだ。

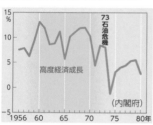

日本の実質経済成長率…1973年に中東で起きた戦争の影響で石油価格が上昇。日本も大打撃を受け(石油危機), 高度経済成長が終わった。

高度経済成長のかげ

高度経済成長期には, 鉄鋼業や石油化学工業, 造船業などの重化学工業が大きく発展し, 太平洋や瀬戸内海の沿岸には製鉄所や石油化学コンビナートが建ち並んだ。しかし, 経済発展を優先するあまり, 工場などからの廃液・排ガスなどを原因とする公害が深刻化したんだ。とくに四大公害病では大きな被害が出た。国は公害対策基本法（現在の環境基本法に発展）を制定したり, 環境庁（現在の環境省）を設置したりして環境問題に取り組むようになった。

高度経済成長期の主な変化

四大公害病　水俣病・新潟水俣病・四日市ぜんそく・イタイイタイ病の4つ。これらの被害者が起こした四大公害裁判は, いずれも被害者側が勝訴。

重要度

まちがえやすさ

Q.27

1978年に結ばれた
日中平和友好条約で
中国と国交を正常化した。

○か✕か。

 これとは別に，日中共同声明が調印された
のはいつだったかな…。

祝・日中国交正常化！

キャー！！
かわいい
こっち向いて～

そんなに
ほめられると
てれる
なぁ～

中国と国交を正常化したのは1972年の**日中共同声明**。

日本が独立を回復!

日本は1951年に<u>サンフランシスコ平和条約</u>（第二次世界大戦の講和条約）を結んで翌年、独立を回復した。しかし、条約を結んだ相手は<u>アメリカを中心とする西側諸国48か国</u>に限られていた。ソ連など東側諸国は会議（サンフランシスコ講和会議）に出席したものの条約に調印しなかったし、中国と朝鮮は会議に招かれていなかったんだ。

ソ連や中国も含めて講和すべき! 単独講和だと日本はアメリカ側に編入されちゃうよ。

全面講和側

対立

ソ連や中国との講和は難しい。早くアメリカ側と講和して経済を再建しよう!

単独講和側

平和条約をめぐる国内の意見対立

ソ連や韓国とも国交を正常化

その後、日本は条約に参加しなかった国々との国交回復に努力した。まず1956年、ソ連と日ソ共同宣言に調印し、国交を正常化。これにより、ソ連の支持を得て、日本の国連加盟が実現した。

韓国と国交を正常化したのは、1965年の<u>日韓基本条約</u>（大韓民国）によってだ。この条約で日本は、韓国を朝鮮半島における唯一の政府として認めたが、北朝鮮（朝鮮民主主義人民共和国）とは現在も国交が開かれていない。

中国と国交を正常化した<u>日中共同声明</u>は、田中角栄内閣のときに調印された。これにより、日本は中国（中華人民共和国）を唯一の合法政府と認めたんだ。さらに、（台湾の中華民国とは断交）1978年に結ばれた<u>日中平和友好条約</u>で、両国の関係はいっそう深まった。

（Avalon／時事通信フォト）

サンフランシスコ平和条約の調印
…中央で署名している吉田茂首相は西側諸国とだけの講和を選んだ。

周恩来首相 チョウエンライ	毛沢東主席 マオツォトン

（読売新聞／アフロ）

中国を訪問した田中角栄首相

実力がついたかどうか確かめよう

確認テスト④

100点満点
答えはp.182

1 江戸時代について，次の問いに答えなさい。

(1)②は7点，ほかは5点×11

(1) 江戸時代の外交について，次の問いに答えなさい。

① 江戸幕府はキリスト教を禁止し，貿易を統制して外交を独占した。この体制を何といいますか。〔　　　　　　　　〕

② ①の体制下で，オランダはヨーロッパの国で唯一貿易を認められた。その理由を簡単に答えなさい。
〔　　　　　　　　　　　　　　　　　〕

● **A** 条約
(1854年)
■ **B** 条約
(1858年)
※下田は B 条約の締結で閉鎖

0　　300km

函館
新潟
兵庫(神戸)
長崎
神奈川(横浜)
下田

よく出る ③ 右の地図は，幕末に結ばれた条約で開かれた港を示している。A，Bに当てはまる条約名を答えなさい。

A〔　　　　　　条約〕
B〔　　　　　　条約〕

ミス注意 (2) 江戸時代に行われた次の3つの改革について，改革を行った人物を下からそれぞれ選びなさい。また，主な政策を下の**ア～ウ**からそれぞれ選びなさい。

① 享保の改革　人物〔　　　〕政策〔　　　〕
② 寛政の改革　人物〔　　　〕政策〔　　　〕
③ 天保の改革　人物〔　　　〕政策〔　　　〕

人物：水野忠邦　　徳川吉宗　　松平定信

政策：**ア** 物価を引き下げるために，株仲間を解散させた。

イ 公事方御定書を定め，目安箱を設置した。

ウ 江戸にいた農民を村に帰らせ，武士の借金を帳消しにした。

---

(3) 右の写真は江戸時代に描かれた浮世絵である。この浮世絵の作者と，同じころに栄えた文化の名前を答えなさい。

作者〔　　　　　　　〕
文化〔　　　　　　　〕

(ColBase)

2 明治・大正時代について，次の問いに答えなさい。 (1)は完答，5点×3

(1) 日清戦争後の動きについて述べた次の文の，**a〜c**には誤っている語句が１つある。その記号を書き，正しい語句に直しなさい。

記号〔　　　〕 語句〔　　　　　　　〕

◇　日清戦争に勝利した日本は，講和条約の**a下関条約**で清から遼東半島や台湾などを得た。しかし，日本が勢力を伸ばすことを警戒した**bイギリス**が，フランスとドイツを誘い**c遼東半島**を清に返すように日本にせまった。軍事的に対抗できなかった日本は，これを受け入れた。

(2) 第一次世界大戦の講和条約である（　**A**　）条約で，（　**B**　）は全植民地と領土の一部を失い，巨額の賠償金を課された。**A・B**に当てはまる語句をそれぞれ答えなさい。　　　A〔　　　　　〕　　B〔　　　　　〕

3 昭和時代について，次の問いに答えなさい。 (2)は8点，ほかは5点×3

(1) 右の年表を見て，次の問いに答えなさい。

よく出る

① 年表中の[　**A**　]に当てはまる語句を答えなさい。
〔　　　　　　　　　〕

年代	できごと
1945	[　**A**　] 宣言を受諾して降伏
1946	日本国憲法の公布……………**B**
1973	日本の高度経済成長が終わる ……**C**

② 年表中の**B**について，日本国憲法で天皇はどのような存在とされたか。次の文の[　　　]に当てはまる語句を答えなさい。　　　　　　　　　〔　　　　　　　　　〕

◇　天皇は日本国および国民統合の[　　　]とされた。

ミス注意

③ 年表中の**C**について，日本の高度経済成長期のできごととして誤っているものを，次の**ア〜エ**から１つ選びなさい。　　　　〔　　　〕

ア 東京オリンピック・パラリンピックが開かれる。
イ 四大公害病などの公害による被害が深刻化する。
ウ 環境基本法が制定される。
エ 東海道新幹線が開通する。

(2) 第二次世界大戦後の日本の外交について，次の**ア〜ウ**を年代順に並べ替えて記号で答えなさい。　〔　　　→　　　→　　　〕

ア ソ連と日ソ共同宣言に調印し，国連加盟を果たす。
イ アメリカを中心とする西側諸国とサンフランシスコ平和条約を結ぶ。
ウ 中国と日中共同声明に調印する。

こっちの問題も
解けたら◎

もっと ○×10問 歴史

Q.28 日本で最初の仏教文化を
天平(てんぴょう)文化という。

東大寺の大仏 （東大寺／文化庁）

Q.29 1232年に御成敗式目(ごせいばいしきもく)を制定したのは，
鎌倉幕府(かまくらばくふ)の3代執権(しっけん)の北条時宗(ほうじょうときむね)である。

Q.30 浄土真宗(じょうどしんしゅう)を開いたのは，
法然(ほうねん)の弟子の親鸞(しんらん)である。

Q.31 室町(むろまち)幕府で将軍の補佐役を
担ったのは管領(かんれい)である。

Q.32 鉄砲(てっぽう)が伝わったのは，
右の地図中の
Dである。

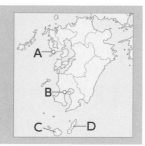

A. 28 ✕

日本で最初の仏教文化は
飛鳥文化。

💡飛鳥文化は，法隆寺を建てたといわれる聖徳太子(p.77-78)が活躍したころ(飛鳥時代)の文化。天平文化は，東大寺と大仏をつくった**聖武天皇のころ(奈良時代)の国際色豊かな文化**をいう。

A. 29 ✕

御成敗式目を制定したのは，
3代執権の北条泰時。

💡御成敗式目(貞永式目)は武士社会最初の法律で，長く武家政治の基本となった。**北条時宗は鎌倉幕府の8代執権**で，元寇を退けた(p.90)。

A. 30 ○

浄土真宗(一向宗)を開いたのは，
法然の弟子の親鸞。

💡法然が開いたのは浄土宗。浄土宗や浄土真宗は，念仏(南無阿弥陀仏)を唱えて阿弥陀如来にすがれば，極楽浄土に生まれ変われると説いた。

A. 31 ○

室町幕府の
将軍の補佐役は
管領。

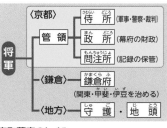

室町幕府のしくみ

💡鎌倉幕府で将軍を補佐した執権とまちがえないように。右の図もチェックしよう。

A. 32 ○

鉄砲が伝わったのは
Dの種子島。

(種子島時邦所有)

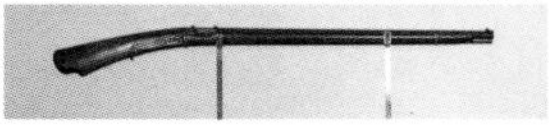

💡戦国時代の1543年，ポルトガル人によって日本に鉄砲が伝えられた。**B**は1549年に**キリスト教**が伝えられた鹿児島(p.96)。**C**は屋久島。

Q.33 参勤交代を制度として定めたのは徳川家康である。

徳川家康　(国立国会図書館)

Q.34 日本が関税自主権の完全回復に成功したのは, 日露戦争のあとである。

Q.35 1925年に成立した普通選挙法では, 25歳以上のすべての男女に選挙権が与えられた。

Q.36 イギリスやフランスは, 世界恐慌の対策としてニューディール政策を行った。

Q.37 右のグラフのAは自作農を示している。

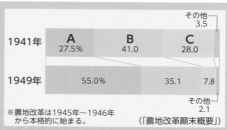

		その他 3.5	
1941年	A 27.5%	B 41.0	C 28.0
1949年	55.0%	35.1	7.8

その他 2.1

※農地改革は1945年〜1946年から本格的に始まる。

(「農地改革顛末概要」)

農地改革による農家の割合の変化

A.33 ✕

参勤交代を制度として定めたのは徳川家光。

💡 徳川家光は江戸幕府の3代将軍。徳川家康は,江戸幕府を開いた初代将軍。

> 一、大名は領地と江戸に交代で住み、毎年4月中に参勤せよ。

家光が武家諸法度に追加した参勤交代の制度

A.34 ◯

日本が関税自主権の完全回復に成功したのは日露戦争後。

💡 1911年に外務大臣の小村寿太郎が達成。1904年に起こった日露戦争に勝ったことで,列強としての国際的な地位を築いたことが大きかった。

A.35 ✕

1925年の普通選挙法での選挙権は25歳以上の男子。

💡 女性に選挙権が与えられたのは1945年。

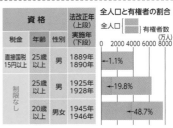

資格			法改正年(上段) 実施年(下段)	全人口と有権者の割合 全人口 {有権者数 0 2000 4000 6000 8000 (万人)
税金	年齢	性別		
直接国税15円以上	25歳以上	男	1889年 1890年	←1.1%
制限なし	25歳以上	男	1925年 1928年	←19.8%
	20歳以上	男女	1945年 1946年	←48.7%

日本の選挙権の拡大

A.36 ✕

イギリスやフランスの世界恐慌対策はブロック経済。

💡 植民地との貿易を拡大し,他国の商品に高い関税をかけてしめ出したのがブロック経済。ニューディール政策は,アメリカがとった恐慌対策。

A.37 ◯

自作農を示しているのは,グラフのA。

💡 Bは自作兼小作農,Cは小作農。農地改革で,政府が地主の農地を強制的に買い上げて小作人に安く売りわたしたので,自作農が大きく増加した。

まるばつだけで8割ねらえる中学社会

公民

まる　ばつ

公民のまちがえやすい漢字 ❻

✕ 政例・条令 → ⭘ 政令・条例

政令は内閣がつくるきまり。条例は地方公共団体が定めるきまり。

✕ 議員内閣制 → ⭘ 議院内閣制

内閣が国会の信任のうえに成り立ち、国会に対して連帯して責任を負うしくみ。

✕ 弾刻裁判 → ⭘ 弾効裁判（だんがい）

裁判官をやめさせるかどうかを決める裁判。

✕ 象微 → ⭘ 象徴（しょうちょう）

天皇は日本国と日本国民統合の象徴。

✕ 社会保証制度 → ⭘ 社会保障制度

病気やけが、高齢（こうれい）などで生活が困難になったときに、国が国民の生活を保障するしくみ。

✕ 関節税 → ⭘ 間接税

税金を納める人と負担する人が異なる税。消費税など。

134

重要度　■■　□□　　　　　　　　まちがえやすさ　■■■　□

核家族世帯は,
下のAである。

〇か✕か。

 核家族世帯は,現在,最も割合の高い
家族形態だ。

A.1

Bが核家族世帯。

💡 Aは三世代世帯。

🧑 家族の形が変化!

核家族世帯とは, 夫婦のみ, または親と未婚の子どもからなる家族のこと。高度経済成長期, 若い人を中心に多くの人が地方から大都市へ移り住んだことなどで, 三世代で暮らす世帯が減り, 核家族世帯（祖父母と親と子ども）の割合が高まった。近年は未婚者や高齢者の単独世帯（一人世帯）が増えている。

🧑 急速な少子高齢化とその課題

家族の形の変化だけでなく, 日本では子どもの数が減る少子化と, 高齢者の割合が高くなる高齢化が急速に進んでいる（少子高齢化）。未婚率の上昇や晩婚化で合計特殊出生率が低下したことや, 医療の発達などで平均寿命が延びたことがその要因だ。

核家族世帯が多い現代では, 家族だけで高齢者を介護したり, 子育てをしたりすることが難しく, 地域や行政のサポートが必要になってきている。

また, 生産年齢人口の減少に伴う労働力の不足（15 〜 64歳の人口）や, 高齢者の生活を支える社会保障に必要な費用（年金・医療・介護保険などの給付費用）の不足などが大きな課題となっているんだ。

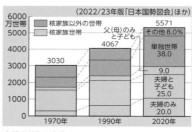

家族形態の変化

合計特殊出生率　1人の女性が一生の間に産む子どもの平均の人数。

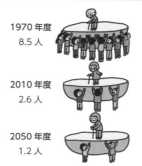

1970 年度　8.5 人

2010 年度　2.6 人

2050 年度　1.2 人

高齢者1人の年金を支える現役世代（20 〜 64歳）の人数

（厚生労働省資料）

重要度 　　　　　　　　　　　まちがえやすさ

下の考え方は、
効率ではなく公正を
重視している。

〇か✕か。

くじ引きに納得していない生徒もいるな…。
公正といえるだろうか？

A.2

みんなが納得できていないので, 効率を重視したといえる。

💡 リレーに不向きな人が選手になるような
決め方は公正とはいえない。

効率と公正, 何が違う?

社会集団（家族や学校, 地域社会など）の中では意見がぶつかって対立が起こることがあるため, 互いが納得できる解決策を話し合い, 合意を目指す。よりよい合意に導くために大事なのが, 効率と公正の考え方だ。

効率とは, 時間や労力などの無駄を出さずに, より大きな利益を得られるようにする考え方だ。

公正とは, 誰も不当に扱わないという考え方で, みんなが話し合いや決定に対等に参加できる**手続きの公正さ**と, 一部の人の権利や利益を侵してないか, 立場が変わってもその決定に納得できるかなどの**機会や結果の公正さ**の2つに分けられる。

くじ引きの長所と短所…効率はよいが公正に欠ける決め方だとわかる。

決め方はいろいろあるけど…

みんなの意見が一致するまで話し合えばみんなが納得できるけれど, 決めるまでに時間がかかる。そこで代表者を選び, 代表者の集まりで話し合って決める方法もある。

また, 多数決で決めれば, 時間をかけずに多くの人の意見を反映できる。しかし, 少数意見が反映されにくいため, 決定前に少数意見にも耳を傾け, できるだけ取り入れることが重要だ。
（少数意見の尊重）

効率と公正に配慮したレジの並び方…AからBのような並び方に変えれば, 空いたレジができず, 並んだ順に支払いを終えられる。

重要度 　　　　　　　　　　まちがえやすさ

Q.3

憲法改正の発議には,

各議院の総議員の
（衆議院と参議院）

3分の2以上の賛成が必要。

○か✕か。

 憲法は, すべての法の中でどんな
ポジションだろうか。

憲法改正の発議が
行われたあとは,
国民投票が行われます

賛成 ? 反対

A.3

憲法改正の発議に必要なのは
3分の2以上の賛成。

💡 過半数でないことに注意。

憲法改正の手続きは超厳格！

　国会で法律を改正するときは，出席議員の過半数の賛成が必要だけど，憲法改正の発議にはさらに厳しい条件が設けられているんだ。

　憲法改正の発議とは，国会が国民に対して憲法改正の内容を示すこと。その後，国民投票が行われる。国民投票の投票年齢は18歳以上で，その有効投票の過半数の賛成があって，ようやく改正案が成立するんだ。

なぜ，厳格なのか？

　日本国憲法は，国の根本的なあり方を定めた，国の最高法規だ。憲法には国の政治権力を制限して，国民の人権を守るという大切な役割がある。だからこそ，簡単に改正されるべきではないと考えられていて，法律の改正よりも慎重な手続きが採用されているんだ。

　また，国民投票の実施は，日本国憲法の基本原理の1つである国民主権の考え方を強く反映したものといえる。私たちは憲法の基本原理の精神を忘れることなく，憲法改正について最終的に判断しなくてはいけない。(→p.122)

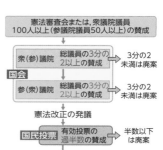

日本国憲法改正の手続き…有効投票とは，投票の要件を満たしていない無効票を除いた投票のこと。

法の構成…上位の法になるほど効力が強く，下位の法が上位の法に反するときは無効となる。

重要度 　　　　　　　　　　　　　まちがえやすさ

居住・移転の自由は, 身体の自由の1つである。

〇か✕か。

自由権には,身体の自由,精神の自由, 経済活動の自由の3つがある。

A.4

居住・移転の自由は、経済活動の自由。

自由権って?

自由権は、国から制約を受けずに自由に行動する権利だ。居住・移転の自由は、経済活動の自由の1つで、好きな場所に住んだり、自由に移動したりできることをいう。右の表で整理しよう。

種類	内容
身体の自由	奴隷的拘束及び苦役からの自由、法定の手続きによらなければ逮捕・処罰されない自由
精神の自由	思想・良心の自由、信教の自由、学問の自由、集会・結社の自由、表現の自由
経済活動の自由	居住・移転・職業選択の自由、財産権の不可侵(財産権の保障)

日本国憲法に定められた自由権の種類

自由権が制限されることも!

自由権などの人権は、公共の福祉のために制限されることがある。例えば、職業選択の自由があるといっても、特別な資格がなければ医師などになることはできない。

(朝日新聞社)

法律改正に反対するデモ活動…集会の自由などにあたる。

道を広げるので移転してください。

自分の土地だから住む権利がある!

これを

補償

個人の土地(財産)でも、正当な理由と補償のもと、公共のために用いられることもある。

人権が制限される例(道幅が狭く渋滞する道路)

公共の福祉　一般的には「社会全体の利益」という意味。人権と人権が衝突したときは、社会全体の利益を考えて調整していくことが必要である。

重要度 ｜ ｜ ｜ ｜ ｜ ｜ 　　　　　まちがえやすさ ｜ ｜ ｜ ｜ ｜ ｜

Q.5

参政権は
社会権の1つである。

○か✕か。

参政権は,選挙権や被選挙権など
国民が政治に参加する権利だ。

A.5
✕ 参政権は人権を 守るための権利。

💡 社会権は生存権や 教育を受ける権利などのこと。

人権を確かに保障するために

憲法で定められている参政権や**請求権**は, 人権を守るための権利である。

例えば, 参政権の1つの選挙権は, 国民が代表者を選挙する権利で, 被選挙権は選挙に立候補する権利である。ほかにも, 参政権には右のようなものがある。
(議員や首長)

請求権は, 国の行為により人権が侵害された場合にその救済を要求できる権利である。請求権には, 裁判を受ける権利や, 国家賠償請求権, 刑事補償請求権がある。

社会権ってどんなもの?

社会権とは, 人間らしい豊かな生活を送る権利のことで, その中心は「**健康で文化的な最低限度の生活**」を営む権利（**生存権**）だ。生存権を保障
(憲法第25条)
するため, 国は最低限度の生活が送れない人に生活保護を行っている。社会権にはほかにも, 教育を受ける権利や勤労の権利, **労働基本権**(労働三権)がある。右が労働三権だ。

憲法改正の国民投票

最高裁判所裁判官の国民審査

請願権

その他の参政権…請願権は, 国や地方公共団体に直接要望を申し出ることができる権利。

国家賠償請求権 公務員の不法行為で損害を受けたときに, 国や地方公共団体に請求。
刑事補償請求権 抑留や拘禁のあとに無罪の判決を受けた場合, 国に損害の補償を請求。

団結権 労働組合を結成
団体交渉権 使用者と交渉
団体行動権 ストライキなど

重要度 ▮▮▮ まちがえやすさ ▮▮▮

Q.6

しゅう ぎ いん
衆議院議員選挙の
比例代表制の投票用紙は
下のAである。

〇か✕か。

投票用紙の空欄には, 何を書くように
なっているだろうか。

A

第四十八回 衆議院 選出議員選挙投票

○注意　政党その他の政治団体の名称又は略称を、欄内に一つ書くこと。

政党その他の政治団体の名称又は略称

見本

B

第四十八回 衆議院 選出議員選挙投票

○注意　一、候補者の氏名は、欄内に一人書くこと。二、候補者でない者の氏名は、書かないこと。

こう ほ しゃ し めい
候補者氏名

見本

(朝日新聞社)

A.6

Aは政党名を記入するので,
比例代表制のもの。

💡 Bは候補者名を記入するので, 小選挙区制
の投票用紙。

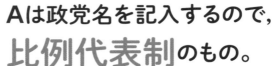

🎓 どんな選挙制度なの?

比例代表制は, 各政党の得票数に応じて議席を配分するしくみ。死票(落選者に投じられた票)が少なく, 小さな政党でも議席を得やすいが, 政党が乱立し物事を決めにくくなることがある。

いっぽう小選挙区制は, 1つの選挙区から1人の代表者を選ぶしくみ。大政党に有利で政治は安定するが, 死票が多く少数意見が反映されにくくなる傾向がある。（多くの議席を得て, 議会で物事を決めやすくなる）

衆議院議員の選挙では, この2つの選挙制度を組み合わせた小選挙区比例代表並立制がとられている。

🎓 選挙には課題もある!

2016年から選挙権年齢は満18歳以上になったが, 近年は若い人を中心に選挙を棄権する人が多い。投票率が低下すると, 投票した一部の有権者の意見によって政治が決められてしまうおそれがある。このほか, 議員1人あたりの有権者数に差がある, 一票の格差の解消も選挙の課題となっている。（それまでは満20歳以上）

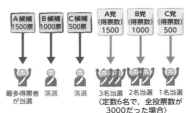

小選挙区制と比例代表制

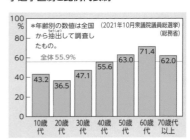

年代別の投票率

衆議院小選挙区における一票の格差

重要度 ▮▮▮▯▯　　まちがえやすさ ▮▮▮▮▯

Q.7

予算の審議は,
衆議院が必ず先に行う。

○か✕か。

衆議院と参議院のうち,優越が認められて
いるのはどっちだ?

A.7

予算の審議を先に行うのは衆議院。

💡 予算の先議は衆議院の優越の1つ。

👒 衆議院の優越はほかにも！

衆議院には，国会でのいくつかの議決において参議院よりも強い権限が与えられている。予算の先議のほか，内閣不信任の決議も衆議院だけに認められた権限だ。（→p.150）

法律案の議決では，参議院が衆議院と異なる議決をした場合（または60日以内に議決しない場合），衆議院が出席議員の3分の2以上の多数で再び可決すると法律になる。ほかにも，右のような場面で強い権限があるぞ。

👒 優越されるのはなぜ？

衆議院は国民の新しい意思をより的確に反映すると考えられているからだ。衆議院は参議院より任期が短く，解散がある。解散後には総選挙が行われるため，衆議院は参議院より選挙の機会が多い。選挙は国民の意思を問う機会だからな。

衆議院で可決

↓ ↓

| 参議院が衆議院と異なる議決をした場合 | 決められた期間内に参議院が議決しない場合 |

両院協議会を開いても意見が一致しないと…

↓

衆議院の議決が国会の議決になる

予算の議決・条約の承認・内閣総理大臣の指名での衆議院の優越

	衆議院	参議院
議員定数	465人	248人
選挙区	小選挙区289人	選挙区148人
	比例代表176人	比例代表100人
任期	4年	6年（3年ごとに半数を改選）
被選挙権	25歳以上	30歳以上
解散	ある	ない

衆議院と参議院の違い（2023年3月現在）

ゴロ合わせ

衆議院だけに認められた権限

衆議院議員　予選から
衆議院　　　　　予算の先議
内角攻めで不振になる
内閣不信任の決議

重要度 ■■■■□ まちがえやすさ ■■□□□

最高裁判所長官の任命は
内閣<ruby>内閣<rt>ないかく</rt></ruby>の仕事である。

〇か✕か。

 最高裁判所長官を指名するのと,
任命するのは別のところだ。

A.8

最高裁判所長官の任命は
天皇の国事行為。

💡 内閣は最高裁判所長官を指名し,
その他の裁判官を任命する。

※指名とは名指しでその人を指定すること,任命とは職務につくように命じること。

👮 内閣の仕事はほかにもたくさん

内閣は国会がつくった法律に従って政治を行う（行政）。これが最も重要な仕事だ。ほかにも,予算をつくって国会に提出したり,外国と交渉して条約を結んだりする。また,政令を定めるのも,天皇の国事行為に助言と承認を与えるのも内閣の仕事だ。

（法律の執行）

（条約を承認するのは国会）

（憲法に定められた形式的・儀礼的な仕事）

政令 行政機関が定める命令のうち,内閣が憲法や法律に基づいて制定する法。

👮 内閣と国会はどんな関係?

内閣は,内閣総理大臣と,内閣総理大臣が任命した国務大臣で構成される。内閣総理大臣は,国会で国会議員の中から指名され,国務大臣の過半数は国会議員でなければならない。つまり,内閣は国会から生まれるといえるんだ。

（首相）

（内閣総理大臣も国務大臣も文民でなければならない）

内閣の行う仕事が信頼できない場合,衆議院は内閣不信任の決議を行うことができる。可決されると,内閣は衆議院を解散するか,総辞職しなければならない。

このように,内閣は国会の信任のうえに成り立ち,国会に対して連帯して責任を負っている。このしくみを議院内閣制というぞ。

日本の議院内閣制のしくみ

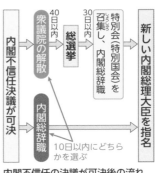

内閣不信任の決議が可決後の流れ

重要度 | | | | |
まちがえやすさ | | | | |

Q.9

下の絵は, 刑事裁判(けいじ)の
法廷(ほうてい)を表したものである。

◯か✕か。

裁判には, 民事裁判と刑事裁判の
2つがあったな。

裁判官
裁判所書記官
検察官
弁護人
被告人(ひこくにん)

A.9

151ページの絵は
刑事裁判の法廷。

💡 検察官や被告人がいることに注目。

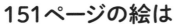

🎓 2つの裁判の違いは何？

　刑事裁判は盗みや放火などの法律で犯罪と定められている事件に関する裁判，民事裁判は個人や企業間の争いに関する裁判だ。

　刑事裁判は，罪を犯した疑いのある**被疑者**を，**検察官**が裁判所に**起訴**して始まる。検察官に起訴された被疑者を**被告人**と呼ぶぞ。

　民事裁判は，争いの当事者が相手を裁判所に**訴えて**始まる。訴えた人が**原告**，訴えられた人が**被告**だ。検察官は出てこないぞ。

🎓 まちがった判決は出ないの？

　裁判を公正・慎重に行い，判決のまちがいを防いで人権を守るために三審制が採用されている。これは判決に不服の場合，上級の裁判所に控訴・上告して，1つの内容につき三回まで裁判を受けられるしくみだ。

　それでも，無実なのに有罪の判決を受けるえん罪が生まれてしまうことがある。そこで，判決確定後でも，明らかな事実誤認を証明する新たな証拠が見つかった場合は，**再審**を請求できるようになっているんだ。（裁判のやり直しを求めること）

刑事裁判の流れ…被告人は弁護人（弁護士）に弁護を依頼できる。

民事裁判の流れ

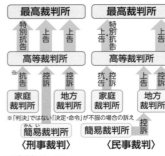

三審制のしくみ

重要度 ▢ ▢ ▢ ▢ ▢ ▢ ▢ ▢ ▢ ▢ ▢ ▢ ▢ ▢ ▢ まちがえやすさ ▢ ▢ ▢ ▢ ▢

Q.10

弾効裁判の実施にあたる 矢印は図中のXである。

○か×か。

 弾効裁判は, 誰を対象にした裁判
だろうか?

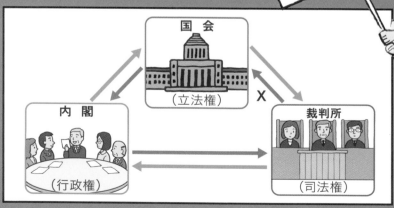

153

A.10

Xの矢印は 法律の違憲審査を示す。

💡 国会から裁判所への矢印が弾劾裁判。

👮 どちらも権力を抑制する

法律の違憲審査と弾劾裁判は, どちらも権力の行きすぎを抑えるためのものだ。日本では, 右のように国家権力を立法権・行政権・司法権の3つに分け, 互いに抑制し合い, バランスを保つことで権力の濫用(集中)を防ぎ, 国民の人権を守っている(三権分立)。

三権分立(権力分立)

👮 違憲審査って何なの?

違憲審査とは, 法律や命令(政令など)が憲法に違反していないかを審査することで, この権限(違憲審査権, 違憲立法審査権)はすべての裁判所がもつ。中でも最高裁判所はその最終的な決定権をもつため, 「憲法の番人」と呼ばれているんだ。

裁判官の身分保障　公正な裁判のために, 裁判官がほかの権力から干渉を受けることは許されない(司法権の独立)。そのため, 心身の故障や左のような場合を除いて裁判官は罷免されない。

👮 裁判官が辞めさせられる!?

弾劾裁判とは, 裁判官として不適格な行いをした人を辞めさせるかどうか(罷免するかどうか)を判断する裁判で, その裁判所は国会に設置される。ほかにも最高裁判所の裁判官は, 国民の国民審査によって適格かどうか判断されるんだ。
(国民審査は衆議院議員総選挙のときに実施される)

(朝日新聞社)

国民審査の用紙…辞めさせたい裁判官に×印をつける。その票が, 何も記載がない票の票数を超えた場合に裁判官は罷免される。

重要度 ■ ■ ■ 　　　　　　まちがえやすさ ■ ■ ■

Q.11

地方財政の格差を抑える
ために国から支出される
のは, 国庫支出金である。

○か×か。

 国から地方に支出されるお金には,
下の2つがあったな。

図書館

これは教育とか
水道工事とかに
使ってね

りょーかい!

地方公共団体

このお金は
自由に使っていいよー

やったー。
何に使おうかなー?

地方公共団体

A.11

財政格差を抑えるための支出は 地方交付税交付金。

格差の大きい地方財政

地方財政の収入（歳入）の中心は地方税だが，その額は地方公共団体によって大きな差がある。なぜなら，地方税はその地方公共団体の住民や企業などが納める税金で，住民の数や企業の規模などによって収入が変わるためだ。この格差を抑えるために，国から地方交付税交付金（地方交付税）が配分される。使いみちは自由だ。

国庫支出金は特定の仕事について，国（義務教育や公共事業など）が使いみちを指定して支出するお金だ。

地方財政の現状は？

多くの地方公共団体は，自主財源である地方税収入の割合が低く，依存財源の地方交付税交付（地方公共団体が独自に集めるお金）金や国庫支出金の割合が高い。それでも足りない場合は，地方債を発行して借金をしている。そんな苦しい財政状況なんだ。

そこで国は2000年代から，国に集中している仕事や財源を，地方公共団体に移す地方分権を進めてきた。これによって，地方が地域の実情に合った政治ができるようになることが期待される。

地方財政　地方公共団体が収入（歳入）を得て支出（歳出）する経済活動。

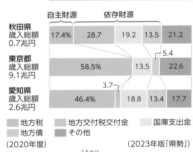

主な都県の歳入の内訳

自主財源　依存財源

秋田県
歳入総額
0.7兆円
17.4%　28.7　19.2　13.5　21.2

東京都
歳入総額
9.1兆円
58.5%　13.5　5.4　22.6

愛知県
歳入総額
2.6兆円
46.4%　3.7　18.8　13.4　17.7

■ 地方税　■ 地方交付税交付金　□ 国庫支出金　■ 地方債　□ その他

（2020年度）　（2023年版「県勢」）

地方公共団体の歳入の内訳（全国）

歳入総額
91.0
兆円

その他 9.6
地方債 8.4
国庫支出金 16.6
地方交付税交付金 20.0
地方税 45.4%

自主財源
依存財源

（2022年度）（2022/23年版「日本国勢図会」）

公民 確認テスト **5**

100点満点
答えはp.183

1 家族形態と効率・公正について，次の問いに答えなさい。 (1)は7点，(2)は5点

(1) 核家族世帯とはどのような家族か。簡単に答えなさい。

〔　　　　　　　　　　　　　　　　　　　　　　　　　　　　〕

(2) Aさんの学校では，複数の運動部でグラウンドを使うルールをつくることになった。このとき，よりよい合意に導くために重要な「効率」の考え方を，次の**ア～ウ**から１つ選びなさい。 〔　　　〕

ア 部員数が少ない陸上部の使用機会が極端に少なくなっていないか。

イ 各運動部の部員全員または代表者が話し合いに参加しているか。

ウ グラウンドを毎日いずれかの運動部が無駄なく使っているか。

2 人権と日本国憲法について，次の問いに答えなさい。 5点×7

ミス注意 (1) 日本国憲法の改正の手続きについて述べた次の文中の①～③について，正しい語句を選び，それぞれ○で囲みなさい。

> 憲法改正原案は衆議院と参議院で審議され，各議院の①{　総議員　出席議員　}の②{　過半数　３分の２以上　}の賛成で可決されると，国会は国民に対して憲法改正の発議を行う。そして，国民投票で③{　過半数　３分の２以上　}の賛成が得られれば憲法は改正される。

(2) 経済活動の自由を，次の**ア～ウ**から１つ選びなさい。 〔　　　〕

ア どんな宗教を信仰してもよく，またどの宗教も信仰しなくてもよい。

イ 現行犯を除き，裁判官の令状がなければ逮捕されない。

ウ 自分の職業を自由に選ぶことができる。

(3) 社会権について，次の問いに答えなさい。

よく出る ① 社会権の中心となる「健康で文化的な最低限度の生活」を営む権利を何といいますか。 〔　　　　　　　　　〕

② 社会権を，次の**ア～エ**から２つ選びなさい。 〔　　　〕〔　　　〕

ア 裁判を受ける権利 **イ** 勤労の権利

ウ 選挙権 **エ** 教育を受ける権利

3 現代の民主政治について, 次の問いに答えなさい。 (3)は8点, ほかは5点×6

(1) 右の図のように, 国家権力を立法権・行政権・司法権の3つに分けて互いに抑制させるしくみを何といいますか。

〔　　　　　　　〕

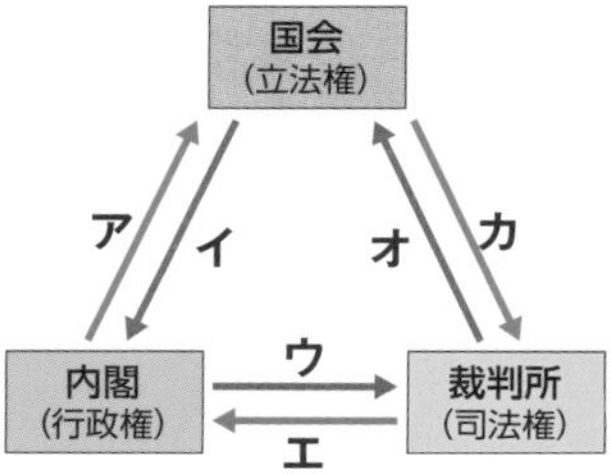

よく出る (2) 次の①・②のはたらきに当てはまる矢印を, 図中の**ア～カ**から1つずつ選びなさい。

① 法律の違憲審査〔　　　〕　② 弾劾裁判の実施〔　　　〕

（図：国会（立法権）・内閣（行政権）・裁判所（司法権）の三権分立を表す図。矢印ア・イ・オ・カ・ウ・エ）

国会（立法権）

ア／イ　オ＼カ

内閣（行政権） ⇄ウ／エ⇄ **裁判所（司法権）**

(3) 図中の国会について, 国会は衆議院と参議院で構成されるが, 衆議院には国会でのいくつかの議決において強い権限が与えられている。その理由を, 「任期」「解散」の語句を用いて簡単に答えなさい。

〔　　　　　　　　　　　　　　　　　　　　　　　　　〕

ミス注意 (4) 図中の内閣について, 内閣の仕事に当てはまらないものを, 次の**ア～エ**から1つ選びなさい。　〔　　　〕

ア 条約を承認する。　　**イ** 天皇の国事行為に助言と承認を与える。

ウ 政令を定める。　　　**エ** 予算をつくって国会に提出する。

(5) 図中の裁判所について, 次の問いに答えなさい。

① 刑事裁判において, 被疑者を裁判所に起訴する人を何といいますか。

〔　　　　　　　〕

ミス注意 ② 第一審の裁判所の判決に不服なとき, 次の上位の裁判所に訴えることは, 上告・控訴のどちらですか。　〔　　　　　　　〕

4 地方財政について, 次の問いに答えなさい。 5点×3

(1) 右のグラフは地方公共団体の歳出・歳入のどちらですか。〔　　　　　　　〕

(2) 次の①・②に当てはまるものを, グラフ中からそれぞれ選んで答えなさい。

① 国が使いみちを指定して支出するお金　〔　　　　　　　〕

② 地方財政の格差を抑えるために国が支出するお金

〔　　　　　　　〕

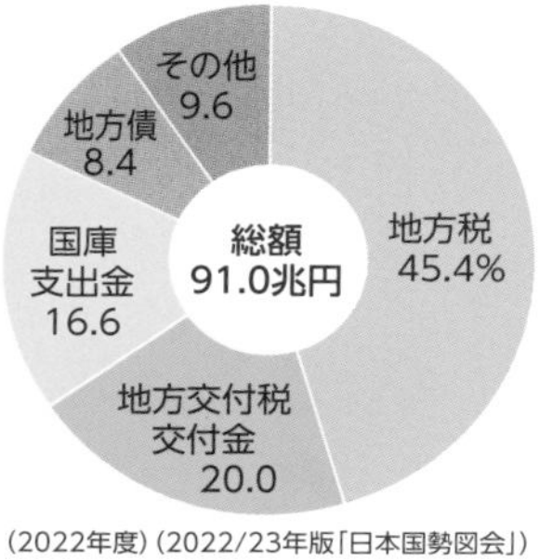

（グラフ：総額91.0兆円。その他9.6, 地方債8.4, 国庫支出金16.6, 地方交付税交付金20.0, 地方交付税交付金, 地方税45.4%）

(2022年度) (2022/23年版「日本国勢図会」)

重要度　　　　　　　　　まちがえやすさ

Q.12

需要量（じゅようりょう）が供給量を上回ると価格は下がる。

○か×か。

買いたい量が売りたい量を
上回るということだな。

今後はチケットの
価格変動制を
導入します

新しい価格は
こちらです

え〜っ!?

平日	5000円
土・日・祝	6000円
春・夏・冬休み	6500円
年末年始	7000円

A.12

需要量が供給量を上回ると

価格は上がる。

💡 ものやサービスが足りない状態なので, 価格は上がる。

🎓 価格が上がるのはなぜ?

　市場経済における商品の価格(市場価格)は, 一般に需要量と供給量の関係で決まる。料金が変動制のテーマパークを例に右の図を見てみよう。年末年始や夏休みなどで, 需要量(テーマパークに行きたい人の数)が大きく増える場合, 需要曲線が右に移動する。そうすると, 供給量(入場できる人の数など)を上回るのでチケット代が上がるんだ。

　逆に供給量が需要量を上回ると, 価格は下がる。

🎓 自由な競争を守ろう!

　市場において, 商品を供給する企業が1社だけ(独占)だったり, 少数の企業(寡占)だったりした場合, それらの企業が供給量を調節して, 価格が自由に決められてしまう。これでは, 消費者が不利益を受ける可能性が高いため, 国は独占禁止法によって企業間の自由な競争をうながし, 消費者の利益を守っているんだ。公正取引委員会が独占禁止法に基づき, 監視や指導にあたっている。

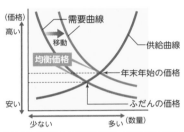

需要量・供給量・価格の関係…需要量と供給量が一致したときの価格を均衡価格という。

独占価格・寡占価格　1つの企業が一方的に決める価格を独占価格, 少数の企業が決める価格を寡占価格という。

主な公共料金…国民生活に大きく影響する公共料金は, 需要量や供給量に関係なく国や地方公共団体が決定や認可をする。

重要度 | まちがえやすさ

Q.13

株主は, 株式会社が倒産すると, その会社の借金を返済する義務がある。

○か✕か。

自分の出資額以上に損失を負担することになったら大変だな…。

161

A.13

株主が損失を負担するのは, 出資額の範囲内。

💡 これを有限責任という。

🎓株式会社ってどんな会社?

株式会社は, 株式を発行して広く出資者を募り, 多くの人々から資金を集める。そのお金をもとに, 商品を生産・販売するんだ。株式を購入した人(株主)は, 会社が利潤をあげたときにその一部を受け取ることができる。これを配当という。また, 株主総会に出席して議決に参加したりもできるんだ。

株式は証券取引所などで売買され, 株価(株式の値段)はその売買を通じて変動する。一般に業績がよい会社は利益が増える可能性が高いため, 株価が上がる。

株式会社のしくみ

証券会社
出資
購入
株式*
*現在は電子化
配当
出席

株式会社
発行
取締役会
選任　出席
株主総会

> 株主総会　株主によって構成される会議で, 事業の基本方針や, 取締役の任免などを決める最高の議決機関。
> 証券取引所　株式や債券などの売買を行う場所。

🎓いろんな形の企業がある

企業は大きく公企業と私企業に分けられる。公企業は国や地方公共団体が運営し, 利潤の追求を目的とせず, 公共の目的のために活動する。私企業は民間(会社や個人など)が経営し, 利潤の追求を最大の目的に商品を生産・販売する。代表的な私企業が株式会社だ。

公企業	地方公営企業	公営バス, 上下水道など
	独立行政法人など	国立印刷局, 造幣局, 国際協力機構(JICA)など
私企業	個人企業	個人商店, 農家など
	法人企業	会社(株式会社, 合同会社)や協同組合

企業の種類

重要度

まちがえやすさ

Q.14

不景気のとき,
日本銀行は一般の銀行から
国債を買う。

〇か✕か。

 銀行の資金量や金利, 世の中に出回る
お金の量はどうなるだろうか。

A.14

不景気のとき, 日本銀行は
国債を買う。

💡 好景気のときは, 国債を売る。

国債を買うとどうなる?

日本銀行が一般の銀行から国債などを買って代金を支払うと, 銀行の資金量が増える。銀行はお金に余裕ができるから, 企業はお金を借りやすくなる。すると, 企業の生産活動や家計の消費が活発になり景気が上向くと考えられるんだ。このように不景気(不況)のときは, 世の中に出回る**お金の量を増やそうとする。**

好景気(好況)のときはその逆で, 日本銀行は一般の銀行に国債などを売り, 世の中に出回る**お金の量を減らす**ことで景気を落ち着かせようとする。

このような**公開市場操作**によって, 日本銀行は物価や景気の安定を図る金融政策を行っているんだ。

日本銀行の3つの役割

日本銀行は日本の中央銀行だ。一般の個人や企業とは取り引きをせず, 特別な役割をもつ。紙幣(日本銀行券)を唯一発行する「発券銀行」, 税金など政府のお金の出し入れを管理する「政府の銀行」, 一般の銀行(普通銀行)に対して貸し出しや預金の受け入れを行う「銀行の銀行」の3つだ。

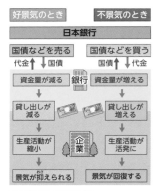

日本銀行の金融政策

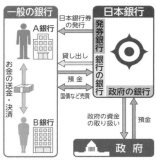

日本銀行の3つの役割

重要度　■■□□□□　　　　　　まちがえやすさ　□■□□□

Q.15

円安は, 日本の
輸入に不利である。

○か×か。

 円安とは, 例えば1ドル=120円が
1ドル=140円になることだ。

A.15

円安は, 日本の
輸入に不利。

💡 1ドル=140円のとき, 900ドルは12万6千円になる。

🎓 円の価値は変化する

日本の円とアメリカのドルなど通貨と通貨を交換するときの比率を為替相場（為替レート）といい, 世界経済の状況に応じて常に変化している。外国通貨に対して円の価値が高くなることを円高, 円の価値が低くなることを円安という。

両替して1ドルを受け取るには…

🎓 輸出はどうなる? 海外旅行は?

日本国内でつくった自動車をアメリカに輸出する場合を考えてみよう。右の図からわかるように, 円高のときより円安のときのほうが, アメリカでの自動車の値段が安くなる。安いほうがたくさん売れて, 輸出した日本企業の売り上げが伸びる。円安は輸出に有利なんだ。逆に円高は輸出に不利となる。

また, 私たちが海外旅行に行くときは, 円高のときのほうがお得だ。いっぽう, 海外から日本に旅行する外国人にとっては, 円安のときのほうがお得になる。

自動車を輸出するとき

（共同通信社）

円安で前年比3割以上高くなった輸入オレンジ

重要度 ▮▮▮▯▯　　まちがえやすさ ▮▮▮▮▯

Q:16

消費税は
直接税の1つである。

○か✕か。

 税金は，納め方によって
直接税と間接税に分けられる。

A.16

消費税は**間接税**の1つ。

💡 直接税は,税金を納める人と
負担する人が同じ税のこと。

🎩 納め方はどう違う?

　消費税はものやサービスの取り引きにかけられる税金だ。消費税のように,税金を納める納税者(生産者や販売者)と,税金を負担する担税者が異なる税を**間接税**という。これに対し,納税者と担税者が同じ税が**直接税**。直接税には,個人の所得にかけられる**所得税**や,会社などの法人の利益(所得)にかけられる**法人税**などがある。

🎩 納め先も2種類

　納め先によって国に納める**国税**と,地方公共団体に納める**地方税**にも分けられる。税金(**租税**)が国や地方公共団体の収入(**歳入**)の中心だ。

🎩 公平さを保つために

　消費税はすべての人が同じ税率を負担するので,低所得者ほど所得に占める税負担の割合が高くなる(**逆進性**)。いっぽう,所得税や相続税では,課税対象の所得が多くなるほど税率を高くする**累進課税**制度がとられている。複数のしくみを組み合わせて,全体として公平な税金の制度にすることが求められているんだ。

	直接税	間接税
	税金を納める人と負担する人が同じ	税金を納める人と負担する人が**異なる**
国税	所得税,法人税,相続税,贈与税	消費税,酒税,たばこ税,揮発油税,関税など
地方税	(都)道府県民税,事業税,固定資産税など	地方消費税,(都)道府県たばこ税,入湯税など

税金の種類

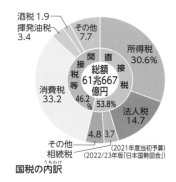

国税の内訳

酒税 1.9
揮発油税 3.4
その他 7.7
所得税 30.6%
関接税等 46.2%
直接税 53.8%
消費税 33.2
法人税 14.7
その他 4.8
相続税 3.7
(2021年度当初予算)
(2022/23年版「日本国勢図会」)
総額 61兆667億円

重要度　■■□□□　　　　　まちがえやすさ　■■■□□

Q.17

主権国家の領域は,図中のA・B・Cである。

領域の1つの領海は,海岸線からどこまでの範囲だった?

○か✕か。

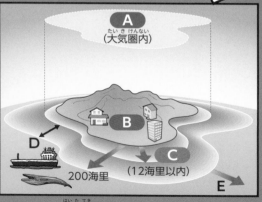

▲国家の領域と排他的経済水域

169

A.17

主権国家の領域は,
A(領空)・B(領土)・C(領海)。

💡 Dは排他的経済水域, Eは公海。
（→p.14）

👮 そもそも領域って何?

　領域とは, その国の主権がおよぶ範囲のことで,（ほかの国の干渉を受けずに政治や外交について自ら決める権利）主権をもつ国を主権国家という。国家はこの**主権**と**領域・国民(住民)**の3つの要素で構成される。主権国家がもつ権利は互いに対等で, ほかの国から（主権平等の原則）支配されたり干渉を受けたりしない。（内政不干渉の原則）

👮 国旗や国歌を大事に!

　現在, 世界には200近くの主権国家がある。主権国家には, その国のシンボル(象徴)となる**国旗**と**国歌**があり, 大切な意味や歴史をもっている。日本の国旗は「**日章旗(日の丸)**」, 国歌は「**君が代**」と法律で定められている。

👮 国際社会の大事なルール

　国際社会の平和と秩序の維持のため, さまざまなルールがつくられてきた。国どうしが守るべきこ（きまり）のルールを**国際法**といい, 国家間の長い間のならわしに基づく**国際慣習法**と, 国家間で文書によって結ばれる**条約**がある。また, 国家間の争いを国際法に基づいて解決するために, **国際司法裁判所**が置かれている。

（ピクスタ）

パスポート(旅券) …国(政府)が発行し, 持ち主がその国の国民であることの証明となる。

　　　　国際慣習法の例
領土不可侵の原則　他国が領域に不法に立ち入ることは認められない。
公海自由の原則　公海はどこの国の船も自由に航行したり漁をしたりできる。

国際司法裁判所　国際連合の主要機関の1つ。裁判を始めるには当事国双方の合意が必要となるため, 裁判にならないことがある。本部はオランダのハーグ。

重要度 ▮▮▮▮▮▮▮▮   まちがえやすさ ▮▮▮▮▮▮▮▮

Q.18

国連の安全保障理事会の 常任理事国は, 下の5か国である。

○か✕か。

 常任理事国は, いずれも
第二次世界大戦の戦勝国だ。

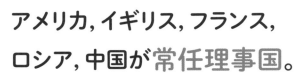

A.18

アメリカ, イギリス, フランス, ロシア, 中国が常任理事国。

💡 日本やドイツは常任理事国ではない。

👮 常任理事国がもつ強い権利

安全保障理事会(安保理)は, 世界の平和と安全の維持を目的とする国際連合の主要機関だ。5か国の常任理事国と, 任期2年の非常任理事国の10か国で構成される。常任理事国は拒否権をもち, 重要な議題は1か国でも反対すると, 決議することができない。冷戦時代にはアメリカとソ連が, 近年ではロシアが拒否権を発動し, 安保理がうまく機能しないことがある。

```
国際司法
裁判所
国家間の争い
を法的に裁く

事務局

国連
児童基金
(UNICEF)

総会
全加盟国で構成。平和と安全の維持などさまざまな問題を討議・議決

経済社会理事会
経済・社会などの国際協力を進める

専門機関
・国連教育科学文化機関(UNESCO)
・世界保健機関(WHO)など

安全保障理事会
```

国際連合の主な機関…国際連合は, 国際連合憲章に基づいて1945年に設立された。現在の加盟国数は190を超える。

👮 世界の平和維持のために

安保理を中心に行っているのが平和維持活動(PKO)だ。紛争が起こった地域で停戦の監視や選挙の監視, 人道的な救援などを行っている。日本も国際平和協力法(PKO協力法)を制定し, カンボジアや南スーダンなどに自衛隊を派遣してきた。

(朝日新聞社)

南スーダンでPKO活動をする自衛隊
(2016年)

ゴロ合わせ

安保理の
常任理事国

それは
違うな

なんや
あのアタマ

安保理で　異議を唱えた
　　　　　　イギリス
ア　　フ　　ロ　　に注目
アメリカ　フランス　ロシア　　中国

重要度 ▢▢▢▢▢ まちがえやすさ ▢▢▢

Q.19

2023年3月現在,
下の国々は, EUの
加盟国ではない。

○か✕か。

 2020年にEUを離脱した国も
あったな…。

イギリス

スイス

ノルウェー

〔写真は3点ともピクスタ〕

A.19

EUに加盟しているのは下の地図の27か国。

💡 イギリスは2020年にEUを離脱。

🎓EUってどんな組織?

EU(ヨーロッパ連合)は1993年に発足した組織で、ヨーロッパの国々が政治的・経済的な結びつきを強めることがねらいだ。加盟国の間で人・もの・お金の移動を自由にしようと、共通通貨のユーロを導入したり、輸入品にかかる税金(関税)を撤廃(はい)したりしている。

EUのように、特定の地域の国々が経済や安全保障、環境などの分野で協力を強(かんきょう)める動きを地域主義(地域統合)という。
(リージョナリズム)

🎓EUがかかえる課題

EUでは、ドイツやフランスなどの経済力が強い国と、近年加盟した東ヨーロッパの国々など経済力が弱い国との経済格差が深刻だ。経済格差を埋めるための拠出金の負担割合や、移民・難民問題を(きょしゅつきん)めぐって意見の対立が生まれている。イギリスは国民投票の結果、2020年にEUを離脱した。EUだけでなく、ほかの地域でも自国中心の主張が出ているんだ。

⬜	EC発足時の加盟国(1967年)
⬜	1970〜90年代の加盟国
⬛	2000年代以降の加盟国

地図の国名: フィンランド、スウェーデン、デンマーク、オランダ、ベルギー、アイルランド、イギリス、ルクセンブルク、オーストリア、フランス、ポルトガル、スペイン、イタリア、ドイツ、ポーランド、スロベニア、エストニア、ラトビア、リトアニア、スロバキア、ハンガリー、ルーマニア、ブルガリア、クロアチア、ギリシャ、マルタ、キプロス

EUの加盟国(2023年3月現在)…EC(ヨーロッパ共同体)はEUの前身組織

	加盟国数	人口
東南アジア諸国連合(ASEAN)(アセアン)	10	6.7億人
ヨーロッパ連合(EU)	27	4.5億人
米国・メキシコ・カナダ協定(USMCA)	3	5.0億人
アフリカ連合(AU)	54+西サハラ	13.6億人
南米南部共同市場(MERCOSUR)(メルコスール)	6	3.1億人

主な地域機構

(2023年3月現在。人口は2022年)

(2022/23年版「世界国勢図会」)

重要度 　　　　　　　　　　　　まちがえやすさ

Q.20

パリ協定は, 先進国のみを 対象としている。

〇か✕か。

パリ協定より前に採択された
京都議定書とは, 対象国が違うぞ。

地球温暖化のしくみ　（影響）

温室効果ガス
の層が厚くなり
熱がたまる

大陽

地球

大気中に蓄える熱が増え
気温が上がる。

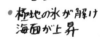
・極地の氷が解け
　海面が上昇

・農作物への影響

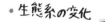
・生態系の変化

温室効果ガスを
減らしましょう

A.20

パリ協定の対象国は，先進国だけでなく途上国も含むすべての国。

パリ協定で何が変わった？

パリ協定より20年ほど前，1997年に採択された京都議定書では，**温室効果ガス**の削減目標が先進工業国（先進国）のみに義務づけられていて，発展途上国（途上国）には削減義務がなかった。これに不満をもったアメリカが一時離脱した。

しかし，2015年に採択されたパリ協定では，途上国を含むすべての参加国に温室効果ガスの削減目標の提出を義務づけたんだ。

京都議定書		パリ協定
38の国と地域 （先進国のみ）	対象国	196の国と地域 （先進国と途上国）
2008～12年で，1990年を基準に先進国全体で約5%削減（2020年まで延長）	おおまかな目標	世界の平均気温の上昇を産業革命以前と比べて2℃未満にする
各国の政府が交渉により決定	各国の削減目標	各国が削減目標を国連に提出⇨その後5年ごとに目標を見直す
あり（未達成の場合は罰則）	目標達成の義務	なし

京都議定書とパリ協定の違い

先進国と途上国が対立してきた

これまで温室効果ガスの削減をめぐっては，先進国と途上国で意見が対立してきた。それぞれの意見は次のとおりだ。

先進国と途上国の意見の対立

人類共通の課題だから，みんなで解決すべき。
途上国の中でもたくさん二酸化炭素を排出している国がある。

先進国

温暖化の原因を招いたのは先進国。我々にも工業化で発展する権利がある。

途上国

（2022/23年版「日本国勢図会」）

温室効果ガスの排出量の割合…
二酸化炭素は，地球温暖化の原因となる温室効果ガスの1つ。

公民 確認テスト ⑥

100点満点
答えはp.183

1 暮らしと経済について，次の問いに答えなさい。 (4)(5)は8点×2，ほかは5点×8

ミス注意 (1) 右の図は，需要量・供給量と価格の関係を
示したものである。これを見て，次の文中の
①～④について正しい語句を選び，それぞれ
○で囲みなさい。

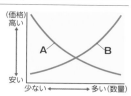

　　さんまが例年以上にたくさんとれると，図の①{ **A　B** }の曲線
　が右に移動する。すると，②{ 需要量　供給量 }が③{ 需要量　供
　給量 }を上回るので，さんまの価格は④{ 上がる　下がる }。

(2) 株式会社について，次の問いに答えなさい。
　① 株式会社は，公企業・私企業のどちらか。　　　　　　〔　　　　　　〕
　② 会社が利潤をあげたときに，株主が所有する株式数に応じて受け取
　　ることができる利潤の一部を何というか。　　　　　　〔　　　　　　〕

(3) 日本銀行について，次の問いに答えなさい。
　① 好景気のとき，日本銀行は国債を買うか，それとも売るか。
　　　　　　　　　　　　　　　　　　　　　　　　　〔　　　　　　〕
　② 日本銀行の役割として誤っているものを，次の**ア～ウ**から１つ選び
　　なさい。　　　　　　　　　　　　　　　　　　　　〔　　　〕
　　ア 政府の銀行として，税金など政府のお金の出し入れを管理する。
　　イ 企業の銀行として，一般の企業に資金を貸し出す。
　　ウ 発券銀行として，紙幣（日本銀行券）を唯一発行する。

よく出る (4) １ドル＝120円が１ドル＝140円となったときに有利となるものを，次の
　ア～エからすべて選びなさい。　　　　　　　　　〔　　　　　　〕
　ア アメリカから輸入した小麦でパンをつくっているパン販売店
　イ アメリカへ自動車を輸出している会社
　ウ アメリカから東京に旅行に来ている人
　エ 日本からハワイへ旅行に行っている人

(5) 累進課税となっている所得税や相続税と違い，消費税は低所得者ほど
所得に対する税負担の割合が高くなる。その理由を簡単に答えなさい。

〔　　　　　　　　　　　　　　　　　　　　　　　　　　　　　　　〕

2 国際社会について，次の問いに答えなさい。 (2)(4)①は8点×2，ほかは4点×7

(1) 右の図中の**A・B・C**は，主権国家
の領域を示している。**A・B・C**に当
てはまる語句を答えなさい。また，図
中の**D**は沿岸から何海里ですか。

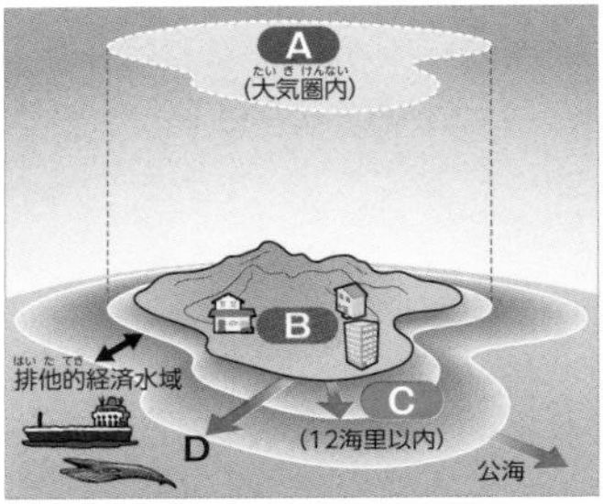

A〔　　　　　　　〕

B〔　　　　　　　〕

C〔　　　　　　　〕

D〔　　　海里〕

よく出る (2) 右は，国連の安全保障理
事会で，ある決議案が否決
となった一例である。全15
か国中10か国が賛成して
いるにもかかわらず否決と
なったのはなぜか。その理
由を簡単に答えなさい。

賛成	アメリカ，イギリス，フランス，ガーナ，ケニア，メキシコ，ノルウェー，アイルランド，アルバニア，アラブ首長国連邦
反対	ロシア
棄権	中国，インド，ブラジル，ガボン

(2022年10月の安全保障理事会の理事国)

〔　　　　　　　　　　　　　　　　　　　　　　　　　　　　　　　〕

(3) ヨーロッパ連合(EU)について，次の問いに答えなさい。

① EUで導入されている共通通貨を何といいますか。　〔　　　　　　〕

② 国民投票の結果，2020年にEUを離脱した国はどこですか。

〔　　　　　　　〕

(4) 地球温暖化について，次の問いに答えなさい。

① 地球温暖化の防止に取り組むために，1997年には京都議定書が採択
されたが，アメリカはあることを不満として一時離脱した。その不満と
はどんなことですか。　〔　　　　　　　　　　　　　　　　〕

② 2015年に採択された，発展途上国を含むすべての参加国に温室効果
ガスの削減目標の提出を義務づけた協定を何といいますか。

〔　　　　　　　〕

Q.21 右のカードは，新しい
人権の1つの自己
決定権を尊重した
ものである。

臓器提供意思表示カード

Q.22 衆議院解散後の総選挙の日から
30日以内に召集される国会は
特別会である。

Q.23 地方議会の解散や首長の解職の請求には，
有権者の3分の1以上の署名が必要である。
（有権者数40万人以下の場合）

Q.24 景気が悪いとき，
一般に政府は公共事業を減らす。

Q.25 発展途上国間の経済格差の問題を
南北問題という。

A. 21 ○

写真のカードは, 臓器提供に関する
自己決定権を尊重したもの。

💡自己決定権とは, 自分の生き方などを自由に決める権利である。新しい
人権には, ほかに**環境権**や知る権利, プライバシーの権利などがある。

A. 22 ○

衆議院解散による
総選挙後に召集さ
れるのは**特別会**。

💡臨時会(臨時国会)とまちがえ
やすい。

常会 (通常国会)	毎年1回, 1月中に召集。会期は150日間。次年度の予算を審議。
特別会 (特別国会)	衆議院解散後の総選挙の日から30日以内に召集。内閣総理大臣を指名。
臨時会 (臨時国会)	内閣かいずれかの議院の総議員の4分の1以上の要求があったときに召集。
緊急集会	衆議院の解散中, 国会の議決が必要なときに内閣の求めで参議院で開催。

国会の種類

A. 23 ○

地方議会の解散や首長の解職には,
有権者の**3分の1以上**の署名が必要。

💡住民が一定数以上の署名を集めて行う**直接請求**の中でも, 人の地位や
職を奪う請求の手続きは, より慎重・厳重に行われる必要がある。

A. 24 ✕

景気が悪いとき,
政府は**公共事業を増やす**。

💡ほかにも, 減税で消費を促すなど経済活動を活発化させようとする。好
景気のときは, 公共事業の削減や増税で経済活動を抑えようとする。

A. 25 ✕

発展途上国間の経済格差の問題は
南南問題。

💡**南北問題**は, 地球の北側に多い先進工業国(先進国)と, 南側に多い発
展途上国(途上国)との経済格差から生まれる問題のことである。

確認テストの解答と解説

地理 1
p.37-38

1
(1) 南緯40度, 西経40度
(2) ロシア(連邦)
(3) C: **ウ**　D: **ア**
(4) 12月31日午後3時

2
(1) 経済特区
(2) **ア, ウ**
(3) 例 一年中気温が高く降水量が多い気候が稲作に適しているから。

3
(1) キリスト教
(2) ① C　② B　③ A
(3) ① 例 夏に降水量が少なく, 冬にやや降水量が多い。
②**イ**

4
(1) A: ロッキー山脈
B: グレートプレーンズ
C: プレーリー
(2) X: 企業
Y: 適地適作
(3) スペイン語

解説

1 (4) ロンドンは経度の基準となる本初子午線(経度0度)が通る。日本の標準時子午線(**X**)は東経135度なので, 経度差は135度。よって, 時差は135÷15=9 (時間)。東京のほうがロンドンより時刻が進んでいる。

2 (2) **イ**と**エ**はヒンドゥー教徒のきまりや習慣である。

3 (2) **A**はドイツ, **B**はイタリア, **C**はウクライナである。
(3) ① 地中海性気候のローマの雨温図。
② 乾燥する夏にぶどうやオリーブなどの果樹, 降水量のある冬に小麦を栽培する地中海式農業が行われている。

地理 2
p.63-64

1
(1) 扇状地
(2) **ウ, エ**
(3) 原油(石油)
(4) A: オーストラリア
B: ブラジル

2
(1) シラス台地
(2) **イ, ウ**
(3) 例 季節風が中国山地や四国山地にさえぎられるから。

3
(1) ① A: 中京工業地帯
B: 東海工業地域
② a: **イ**　b: **エ**　c: **ア**　d: **ウ**
(2) ① 抑制栽培
② 例 ほかの地域からの出荷量が少ないから。

4
(1) **ウ**
(2) 客土
(3) 例 土地の栄養が落ちるのを防ぐため。

解説

1 (2) ぶどうとももの生産量は, いずれも山梨県が全国一(2021年)。

2 (2) 両県とも肉牛の飼育もさかんだが, 飼育数全国1位は北海道(2021年)。

3 (1) ① **A**の県は愛知県, **B**の県は静岡県。
② **a**は四日市市, **b**は東海市, **c**は豊田市, **d**は富士市。

4 (1) **A**は石狩平野で, 北海道を代表する米どころである。
(3) 同じ耕地で同じ作物を続けてつくると土地の栄養が落ちる。**B**は十勝平野で, 大規模な畑作が行われている。

181

1 (1)**ウ**
　(2)**ウ**
　(3)僧：最澄　　寺：**ア**

2 (1)**B**
　(2)**ウ**
　(3)囫自分の娘を天皇のきさきにして,その子を次の天皇に立てて勢力を伸ばした。

3 (1)源　頼朝
　(2)①地頭　②守護
　(3)承久の乱
　(4)御成敗式目(貞永式目)

4 (1)①金閣,北山文化
　　②東山文化,銀閣
　(2)コロンブス
　(3)①フランシスコ=ザビエル(ザビエル)
　　②豊臣秀吉
　　③囫南蛮貿易は禁止しなかったから。

解説

1 (1) 写真は弥生土器。
　(2) **ア**は調,**イ**は租にあたる。
　(3) **イ**の東大寺は聖武天皇,**ウ**の金剛峯寺は空海,**エ**の唐招提寺は鑑真が建てた。

2 (3) 藤原氏は天皇が幼いときは摂政,成人してからは関白の地位について実権を握り政治を行った。

3 (3) 承久の乱では,御家人たちが結束をして上皇の軍を破った。その直後,幕府は朝廷の監視などのために,京都に六波羅探題を置いた。

4 (1) 足利義満のころの華やかな文化を北山文化といい,足利義政のころの質素な文化を東山文化という。
　(3) 史料の法令はバテレン追放令(宣教師追放令)である。

1 (1)①鎖国
　　②囫キリスト教を広めるおそれがなかったから。
　　③A：日米和親
　　　B：日米修好通商
　(2)①人物：徳川吉宗　　政策：**イ**
　　②人物：松平定信　　政策：**ウ**
　　③人物：水野忠邦　　政策：**ア**
　(3)作者：葛飾北斎
　　文化：化政文化

2 (1)記号：**b**
　　語句：ロシア
　(2)A：ベルサイユ　B：ドイツ

3 (1)①ポツダム
　　②象徴
　　③**ウ**
　(2)**イ→ア→ウ**

解説

1 (1) ③日米修好通商条約により,函館・神奈川(横浜)・長崎・新潟・兵庫(神戸)の5港が開かれた。
　(3) 写真の浮世絵は,葛飾北斎の「富嶽三十六景」の1枚である。

2 (1) ロシアがフランスとドイツを誘って,遼東半島を清に返すように日本にせまったことを三国干渉という。そのため,日本国民に反ロシア感情が高まった。

3 (1) ①ポツダム宣言はアメリカ・イギリス・中国の名で発表された,日本の無条件降伏を求める共同宣言である。
　　③高度経済成長期の1967年に制定されたのは公害対策基本法で,1993年に環境基本法に発展した。
　(2) **ア**は1956年,**イ**は1951年,**ウ**は1972年のことである。

1 (1)囫夫婦のみ,または親と未婚の子ども
　　からなる家族。
　(2)ウ
2 (1)①総議員
　　　②3分の2以上
　　　③過半数
　(2)ウ
　(3)①生存権
　　　②イ,エ
3 (1)三権分立(権力分立)
　(2)①オ　②カ
　(3)囫衆議院は参議院より任期が短く
　　解散があり,国民の意思をより的確
　　に反映すると考えられているから。
　(4)ア
　(5)①検察官　②控訴
4 (1)歳入
　(2)①国庫支出金
　　　②地方交付税交付金

解説

1 (2)ア・イはともに公正の考え方で,アは機
　　会や結果の公正さ,イは手続きの公正
　　さである。
2 (1)憲法改正には,法律の改正よりも慎重
　　な手続きが採用されている。
　(2)アは精神の自由,イは身体の自由。
　(3)①日本国憲法第25条で保障されている。
　　②アの裁判を受ける権利は請求権の1
　　つ,ウの選挙権は参政権の1つ。
3 (3)衆議院の優越という。
　(4)条約を承認するのは国会の仕事。内閣
　　は外国と交渉して条約を結ぶ。
　(5)②第二審の裁判所の判決に不服なとき
　　に,さらに上位の裁判所に訴えること
　　を上告という。

1 (1)①B　②供給量
　　　③需要量　④下がる
　(2)①私企業　②配当
　(3)①(国債を)売る
　　　②イ
　(4)イ,ウ
　(5)囫消費税は所得の多少にかかわら
　　ず,すべての人が同じ税率を負担する
　　から。
2 (1)A:領空　B:領土
　　　C:領海　D:200
　(2)囫拒否権をもつ常任理事国のロシ
　　アが反対したから(ロシアが拒否権を
　　行使したから)。
　(3)①ユーロ
　　　②イギリス
　(4)①囫発展途上国には温室効果ガス
　　の削減義務がなかったこと。
　　　②パリ協定

解説

1 (1)図のAは需要曲線,Bは供給曲線。
　(2)①私企業は民間が経営する企業で,利
　　潤の追求を最大の目的にものを生産し
　　たりサービスを提供したりする。
　(3)②日本銀行は個人や一般の企業とは取
　　り引きしない。ア・ウのほかに,「銀行の
　　銀行」としての役割があり,一般の銀行
　　に対して資金の貸し出しや預金の受け
　　入れを行う。
2 (2)安全保障理事会(安保理)の常任理事
　　国は,アメリカ・イギリス・フランス・ロシ
　　ア・中国の5か国。
　(4)①京都議定書では,先進国のみに温
　　室効果ガスの削減が義務づけられてい
　　た。

○×だけで
8割ねらえる中学社会

編集協力	野口光伸
イラスト	堀道広, かたおか朋子
デザイン	高橋コウイチ（WF）
図版	木村図芸社
写真提供	写真そばに記載
DTP	（株）四国写研

本書に関する
アンケートに
ご協力ください。

上のコードかURLからアクセスし, 以下のアンケート番号を入力してご回答ください。当事業部に届いたものの中から抽選で年間200名様に, 「図書カードネットギフト」500円分をプレゼントいたします。

※アンケートは予告なく終了する場合があります。あらかじめご了承ください。

https://ieben.gakken.jp/qr/marubatsu/

アンケート番号　305708